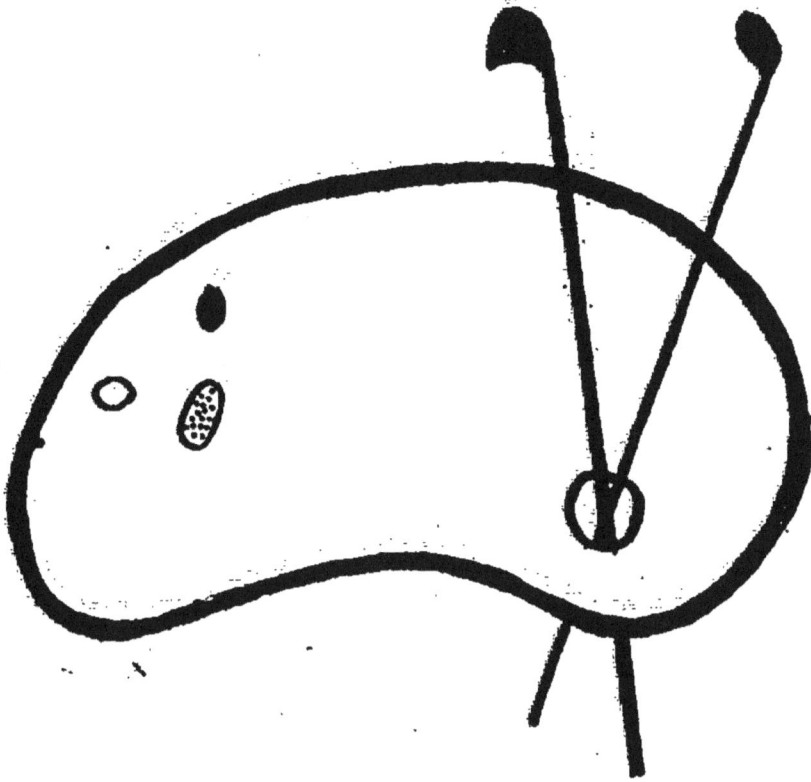

**COUVERTURE SUPERIEURE ET INFERIEURE
EN COULEUR**

HUIT JOURS A PARIS

GUIDE

DES ÉTRANGERS

ET

DES PROMENEURS

AVEC UN MAGNIFIQUE PLAN MONUMENTAL

DONNANT EN RELIEF PARIS ET SES ENVIRONS

PARIS
LEDOT JEUNE, ÉDITEUR
168, RUE DE RIVOLI

BRUXELLES
ROSEZ, LIBRAIRE
RUE DE LA MADELEINE, 87

PARIS PHOTOGRAPHIÉ

Nouvelle série de vues de Paris à vol d'oiseau.

Nous ne saurions trop recommander aux étrangers et voyageurs la magnifique collection de vues de Paris, en format carte de visite, éditée par la maison LEDOT, 168, rue de Rivoli.

Avec ces nouvelles vues, vendues toutes séparément, on peut, comme souvenir de voyage, se composer un ravissant album.

COLLECTION DE GUIDES PRATIQUES

Comment ne pas recommander à tout le monde la nouvelle série des Guides pratiques et illustrés de M. HENRY A. DE CONTY !

Clairs, précis, amusants et surtout exacts, ces nouveaux livres indiquent d'avance aux voyageurs ce qu'ils auront à dépenser.

EN VENTE MAISON LEDOT

168, RUE DE RIVOLI, 168

PRÉFACE

Le succès de mon *Nouveau Plan monumental*, donnant à vol d'oiseau **tous** les monuments de Paris, m'a donné l'idée de joindre à cette publication un petit livret indicateur contenant en quelques mots l'emploi de huit jours à Paris.

Heures d'entrée dans les monuments, division du temps, Ministères, Consulats : rien n'a été oublié dans ce nouveau **guide**, qui permet de visiter **Paris** en détail et sans embarras.

Ne pou**vant**, dans notre format restreint, traiter en détail **tous** les monuments et donner le catalogue de **tous** les musées, nous vous renverrons au charmant volume : *Paris en poche*, guide pratique et illustré, de **M.** Henry DE CONTY, indiquant **jour par jour tout** ce qui peut intéresser le **voyageur.**

LEDOT jeune.

VUE GÉNÉRALE DE LA RUE RIVOLI

PLAISIRS DE PARIS

JOUR PAR JOUR

—◦◉◦—

MONUMENTS OUVERTS LE DIMANCHE

Les musées du Louvre, du Luxembourg et de Cluny, le Conservatoire des Arts-et-Métiers, le Jardin des Plantes, l'hôtel des Invalides, le musée de Versailles, le palais de Saint-Cloud, le palais de Fontainebleau.

Plaisirs. — SAISON D'ÉTÉ. — Le jardin d'Acclimatation, théâtre du Châlet-des-Iles (bois de Boulogne), musique militaire et concerts au Pré-Catelan, Hippodrome, bals au Château-des-Fleurs et à Mabille, concert Arban aux Champs-Élysées, cafés-concerts à droite et à gauche des Champs-Élysées.

Plaisirs. — SAISON D'HIVER. — Robert-Houdin, séance à 2 heures de l'après-midi, et le soir, à 8 heures, concerts populaires et exercices équestres au Cirque Napoléon, concert-promenade au Casino, bals au Casino, à la Closerie-des-Lilas, au Vaux-Hall, cafés-concerts de l'Alcazar, de l'Eldorado, des Palais d'Été et d'Hiver.

MONUMENTS OUVERTS LE LUNDI

Le Conservatoire des Arts-et-Métiers. Prix d'entrée : 1 fr. — Le dôme des Invalides et le tombeau de l'Empereur, l'hospice des Enfants Assistés, rue d'Enfer, 100, école des Beaux-Arts, palais de la Bourse, la Sainte-Chapelle, la ménagerie du Jardin des Plantes, le jardin d'Acclimatation.

Plaisirs. — SAISON D'ÉTÉ. — Représentations équestres au Cirque de l'Impératrice, concert Arban aux Champs-Élysées, Diorama, Hippodrome à 3 heures, musique militaire de 5 à 6 heures au jardin des Tuileries, cafés-concerts à droite et à gauche des Champs Élysées, bals au Château-des-Fleurs, à la Closerie-des-Lilas, au Château-Rouge et à l'Élysée-Montmartre.

Plaisirs. — SAISON D'HIVER. — Représentation à tous les théâtres, exercices équestres au Cirque Napoléon, bal au Casino, bal au Prado, (quartier Latin), bal Bulliers, cafés-concerts de l'Alcazar, de l'Eldorado, du Cheval-Blanc et du Palais d'Hiver.

MONUMENTS OUVERTS LE MARDI

Le palais du Louvre et son musée, le musée du Luxembourg, le musée de Minéralogie (École des Mines), le muséum du Jardin des Plantes, l'hôtel des Monnaies, le Conservatoire des Arts-et-Métiers en payant 1 franc, l'hospice des Enfants Assistés, rue d'Enfer, 100, la Bibliothèque Impériale, le trésor de Notre-Dame, la Sainte-Chapelle, l'asile de Vincennes.

Plaisirs. — SAISON D'ÉTÉ. — Musique militaire aux Tuileries, concert Arban aux Champs-Élysées, marché aux Fleurs à la Madeleine, représentations équestres au Cirque de l'Impératrice, théâtre du Châlet-des-Iles (bois de Boulogne), représentations à tous les théâtres excepté à l'Opéra, bal au jardin Mabille.

Plaisirs. — SAISON D'HIVER. — Exposition permanente des Beaux-Arts, boulevard des Italiens, marché aux Fleurs à la Madeleine, exercices équestres au Cirque Napoléon, théâtre des Jeunes Artistes (rue de la Tour-d'Auvergne), représentations à tous les théâtres excepté à l'Opéra; bal à Valentino; bal, concert, promenade au Casino; soirée chez Markowski; cafés-concerts à l'Eldorado, à l'Alcazar, au Cheval-Blanc et aux Palais d'Été et d'Hiver.

MONUMENTS OUVERTS LE MERCREDI

Le musée du Louvre, le musée du Luxembourg, le musée de Cluny, la manufacture des Gobelins, la manufacture des Tabacs, l'institution des Jeunes Aveugles, le palais des Beaux-Arts, la ménagerie du Jardin des Plantes, la Sainte-Chapelle, l'asile de Vincennes, l'asile du Vésinet.

Plaisirs — SAISON D'ÉTÉ. — Marché aux Fleurs (pont Notre-Dame), musique militaire au jardin du Palais-Royal, représentations équestres au Cirque de l'Impératrice, bal de nuit au Château-des-Fleurs, concert Arban aux Champs-Élysées, théâtre du Chalet-des-Iles (bois de Boulogne).

Plaisirs — SAISON D'HIVER. — Représentations à tous les théâtres, représentation à l'Opéra, bal au Casino, et, pendant la saison du carnaval, bal masqué; prix d'entrée : 5 fr. ; cafés-concerts de l'Alcazar, de l'Eldorado, du Cheval-Blanc, du Palais d'Été et du Palais d'Hiver.

MONUMENTS OUVERTS LE JEUDI

Les musées du Louvre et du Luxembourg, le musée de Minéralogie (École des Mines), le musée d'Artillerie, le palais du Corps législatif, le palais des Beaux-Arts, l'hôtel des Invalides et le tombeau de l'Empereur, le trésor de Notre-Dame, l'hôtel de Ville, l'Imprimerie impériale, la maison de santé de Charenton, le palais de Saint-Cloud et le palais de Fontainebleau.

Plaisirs. — SAISON D'ÉTÉ. — Musique militaire aux Tuileries, Hippodrome à 3 heures, représentations équestres au Cirque de l'Impératrice, cafés chantants à droite et à gauche des Champs-Élysées ; bal à Mabille, — au Château-Rouge, — à la Closerie-des-Lilas, à l'Élysée-Montmartre et au Casino d'Asnières.

Plaisirs. — SAISON D'HIVER. — Représentations à tous les théâtres et au théâtre Italien ; concert, promenade au Casino ; exercices équestres au Cirque Napoléon ; bals à Valentino, à la Closerie-des-Lilas, à Bulliers et à la salle Barthélemy ; cafés-concerts de l'Eldorado, de l'Alcazar, du Palais d'Été, du Palais d'Hiver et du Cheval-Blanc.

MONUMENTS OUVERTS LE VENDREDI

Les musées et collections du Louvre, le musée du Luxembourg, le musée de Cluny et des Thermes, le Musée monétaire, le palais du Corps législatif, l'hôtel des Monnaies, la Bibliothèque impériale, la Sainte-Chapelle, la manufacture des Tabacs, la ménagerie du Jardin des Plantes, l'asile de Vincennes, l'asile du Vésinet.

Plaisirs. — SAISON D'ÉTÉ. — Musique militaire aux Tuileries, — au Palais-Royal, — à la place Vendôme; représentations équestres au Cirque de l'Impératrice, bal au Château-des-Fleurs, concert Arban aux Champs-Élysées, cafés-concerts à droite et à gauche des Champs-Élysées.

Plaisirs. — SAISON D'HIVER — Représentations à tous les théâtres et à l'Opéra, exercices équestres au Cirque Napoléon, bal au Casino, bals masqués au Vauxhall; cafés-concerts de l'Alcazar, de l'Eldorado, du Palais d'Été, du Palais d'Hiver et du Cheval-Blanc,

MONUMENTS OUVERTS LE SAMEDI

Les musées du Louvre et du Luxembourg, le musée de Minéralogie, le muséum du Jardin des Plantes, l'hôtel des Invalides, le palais des Beaux-Arts, le Conservatoire des Arts et Métiers, l'institution des Sourds-Muets, la manufacture des Tabacs, la manufacture des Gobelins, la Sainte-Chapelle, le château de Vincennes.

Plaisirs. — Saison d'été. — Musique militaire aux Tuileries, au Luxembourg et au Palais-Royal; Hippodrome à 3 heures, exercices équestres au Cirque de l'Impératrice, concert Arban aux Champs-Élysées, bal à Mabille et fête de nuit.

Plaisirs. — Saison d'hiver. — Représentations à tous les théâtres et au théâtre Italien, exercices équestres au Cirque Napoléon; concert, promenade au Casino; bal à Valentino (bals masqués pendant la saison du carnaval); bals masqnés à l'Opéra, cafés-concerts de l'Alcazar, de l'Eldorado, du Palais d'Été, du Palais d'hiver et du Cheval-Blanc.

AVIS

Les voyageurs qui viennent à Paris, devront en arrivant, faire une demande de billets au Ministre de la maison de l'Empereur, pour visiter Versailles. — Saint-Cloud. — Fontainebleau. — Les Tuileries. — La Sainte-Chapelle. — Les Gobelins. — Les Beaux-Arts. — Le Musée de Cluny et le Musée de porcelaines de Sèvres.

MODÈLE DE LETTRE

Monsieur le Ministre,

J'ai l'honneur de vous prier de vouloir bien m'adresser les billets dont vous pouvez disposer pour visiter les principaux monuments.

HUIT JOURS A PARIS

EMPLOI DE CHAQUE JOURNÉE

Dans l'intérêt des étrangers et pour qu'ils puissent visiter Paris en détail, nous leur donnons, non-seulement les heures d'entrée dans tous les monuments, mais encore tous les plaisirs, pendant la saison d'été et celle d'hiver.

DIMANCHE

Première journée

9 HEURES DU MATIN. — Visiter le Palais-Royal, le jardin, la galerie d'Orléans.

PALAIS-ROYAL

Ce palais, situé rue Saint-Honoré, 204, fut construit, en 1629, par le cardinal de Richelieu, sur l'emplacement des hôtels Mercœur et de Rambouillet; il fut terminé en 1636.

Jusqu'à la mort du cardinal-ministre, qui en avait fait don à Louis XIII, il porta le nom de Palais-Cardinal (1642).

Par suite de la prise de possession par le roi, il prit le nom de *Palais-Royal*.

Tout le luxe imaginable fut prodigué dans cette demeure princière par Richelieu.

On y trouvait réunies des salles de bal, une chapelle d'un luxe extraordinaire, deux salles de spectacles, une galerie des hommes illustres ornée des
peintures de Philippe de Champagne, et des appartements magnifiques, avec un mobilier fastueux, resplendissant d'or et d'argent.

Le Palais - Royal fut cédé ensuite par le roi
Louis XIV, en 1692, au duc d'Orléans, son frère ; le
Régent y gouvernait la France, et depuis ce temps
jusqu'en 1830 (hormis l'époque révolutionnaire), il
appartint à la famille d'Orléans. Aujourd'hui il est
habité par le prince Louis Napoléon, cousin de l'Empereur : les trois galeries principales furent créées par
Philippe d'Orléans (dit Égalité). C'est ce qui compose
les magnifiques galeries où l'art et l'industrie sont
représentés sous toutes les formes.

Ces trois grands corps de logis et la galerie d'Orléans, de création moderne, forment le pourtour d'un
joli jardin replanté de jeunes arbres, qui remplace la
fameuse allée de marronniers créée jadis par les
ordres du cardinal.

Ce jardin, qui occupe aujourd'hui un emplacement
de plus de 200 mètres, est devenu, par sa régularité,
son ensemble et sa gracieuse disposition, le point central des Parisiens et des étrangers qui s'y donnent
rendez-vous de toutes les parties du monde.

La magnifique galerie d'Orléans, construite par le roi
Louis-Philippe, remplace l'ancienne galerie de bois si
fréquentée le soir quand le temps ne permettait pas la
promenade dans le jardin.

On trouve un pavé de marbre brillant de propreté là
où l'on ne trouvait souvent qu'un terrain humide et
fangeux.

La lumière, tamisée par un dôme de cristal, éclaire aujourd'hui d'élégants magasins d'un alignement régulier, qui remplacent avec avantage les boutiques de l'ancienne galerie de bois.

En un mot, dans les quatre galeries du Palais-Royal, il n'y a que richesse, élégance et somptuosité ; aussi est-ce le premier monument que demande à visiter l'étranger arrivant à Paris.

Les restaurants, surtout ceux à prix fixe, y abondent ; on peut y déjeuner convenablement pour 1 fr. 25 et y dîner pour 2 fr.

A **10** HEURES : **Déjeuner** aux Mille Colonnes, n° 36, galerie Montpensier, au Palais-Royal (prix : 2 fr.), ou aux Cinq Arcades, même galerie, n° 6, à 1 fr. 25.

Après déjeuner, suivre la place du Palais-Royal et prendre à gauche la rue de Rivoli.

Sous les arcades de cette belle rue, formant comme une vaste galerie couverte, s'étalent d'élégantes boutiques, de magnifiques magasins avec logement au-dessus.

C'est là que vous aurez à remarquer le grand hôtel du Louvre, rue de Rivoli, 166-168 ; le magasin de la maison LEDOT jeune, n° 168, contenant une des plus belles et des plus riches collections de gravures, albums, lithographies, vues de stéréoscopes, photographies, cartes et plans que l'on puisse rencontrer à Paris, et la librairie Faure, n° 166, où vous trouverez un choix complet de Guides, Plans et volumes de toute nature.

De là vous descendrez vers le Louvre par la rue de Rivoli, vous arrêtant à la place de Saint-Germain-l'Auxerrois.

Tournant le dos à l'église, vous vous trouverez en

VUE GÉNÉRALE DU GRAND HOTEL DU LOUVRE

face de la magnifique colonnade du Louvre, chef-d'œuvre de Perrault.

Ce monument est aujourd'hui entouré de frais gazons, d'élégants parterres fermés par de belles grilles en fer à lances dorées.

En passant sous la colonnade, on arrive à la cour de l'ancien Louvre.

Cette partie du monument, élevée sur les dessins et plans de Jean Goujon et Pierre Lescot, forme un carré parfait, comprenant un rez-de-chaussée, un premier étage et un attique.

Au rez-de-chaussée on a placé les musées des Antiques et de Sculpture.

Au premier étage, se trouve le musée de Peinture : c'est une des plus remarquables collections de l'Europe ; elle comprend plus de 2,000 tableaux et dessins.

Au deuxième étage, on trouve le musée de la Marine.

On entre au musée de Peinture par le pavillon de l'Horloge, dit de Sully, faisant face à la colonnade.

On devra visiter les antiquités mexicaines, le musée des Souverains, le musée de Marine, le musée Campana ; les musées Étrusque, Égyptien, Assyrien, Algérien, et les musées de Sculpture ancienne et moderne.

Comme la description des objets de ces musées serait trop longue, nous vous renverrons, pour le catalogue et les détails, au guide pratique *Paris en Poche.*

Les musées sont ouverts au public tous les jours, excepté le lundi, depuis dix heures jusqu'à quatre heures.

En sortant du musée, il faut voir au Louvre la place Napoléon III. Elle est ornée de deux squares destinés à recevoir, au centre, les statues de Louis XIV et de Napoléon Ier.

L'ensemble des bâtiments qui encadrent si magnifiquement cette place, compose le nouveau Louvre, terminé par Napoléon III, et qui va se relier au palais des Tuileries.

Il se compose de six pavillons richement ornés de statues et groupes allégoriques, et précédés d'un portique d'une grande magnificence.

En sortant du Louvre, vous dirigeant vers les Tuileries, vous apercevrez la place du Carrousel, ornée de l'arc de triomphe élevé, en 1806, par Napoléon Ier, à la gloire des armées françaises. Des bas-reliefs, décorant les quatre côtés du monument, retracent les hauts faits d'Ulm, d'Austerlitz, de l'entrevue de Tilsit, etc.

Au sommet, une renommée conduit un quadrige qui a remplacé les célèbres chevaux de bronze rapportés de Venise, qui lui furent restitués après l'invasion de 1815.

Cette place du Carrousel est célèbre, notamment par les fêtes magnifiques qu'y donna Louis XIV, les 5 et 6 juin 1662, lorsqu'il était épris de Mlle La Vallière, et par la revue importante qu'y passa l'Empereur Napoléon Ier, lorsqu'il se préparait à aller attaquer la Russie.

Du Carrousel vous arriverez aux Tuileries; vous traverserez le jardin, et, de là, vous atteindrez la place de la Concorde, qui précède les Champs-Élysées.

Ce vaste espace qu'on appelle les Champs-Élysées, est la promenade la plus fréquentée de Paris; on y trouve des jardins, des squares, des fontaines, des cafés chantants, des chalets et des restaurants.

NOTA. — Pour la description des Tuileries, du jardin, voir l'excursion du Jeudi; et, pour la description de la place de la Concorde, voir l'excursion du Lundi.

Les enfants ont les voitures traînées par des chèvres, des chevaux de bois ; la baraque de Polichinelle, etc.

Les promeneurs y trouvent le Cirque de l'Impératrice, le Panorama, le palais de l'Industrie, la maison Pompéienne, avenue Montaigne, 18, qu'à fait bâtir le prince Napoléon, et la maison dite *de François I*ᵉʳ, Cours la Reine, 16.

N'oublions pas les séjours enchanteurs du Château des Fleurs, de Mabille et des Concerts parisiens.

Au bout de la grande allée des Champs-Elysées, s'élève devant vous un monument majestueux, l'arc de triomphe de l'Étoile, qui a été commencé en 1806 par Napoléon Iᵉʳ, et terminé sous Louis-Philippe. Ses magnifiques sculptures de Rude, Cortot, Etex, Lemaire, Seurre, Bra, Feuchères, Gechter et Marochetti racontent les glorieux triomphes du premier Empire.

Pour monter sur la plate-forme de l'arc de triomphe, il faut s'adresser au gardien. Le panorama est magnifique, et la vue s'étend sur l'Hippodrome, le bois de Boulogne, etc.

Le bois de Boulogne continue cette belle promenade des Champs-Élysées.

Quand le temps le permet, c'est, vers trois heures, le rendez-vous de tout le Paris riche et aristocratique : les équipages et les toilettes y font assaut de luxe et d'élégance.

Après avoir jeté un coup d'œil sur la magnifique avenue de l'Impératrice, vous pouvez pénétrer dans le bois de Boulogne par la porte Dauphine, faisant suite à l'avenue. Prenant en face la route du Lac, faites-en le tour, vous aurez en face de vous, à votre droite, le Chalet-des-Iles ; en suivant le bord de l'eau, vous arriverez au rond des cascades.

VUE GÉNÉRALE DE LA GRANDE CASCADE DU BOIS DE BOULOGNE

Admirez le kiosque, le lac, les rochers et rend   ous
au Pré-Catalan, merveilleux jardin, où vous pourrez
entendre tous les dimanches (saison d'été), d'excellents
concerts dirigés par Musard. (Prix d'entrée : 1 fr.)

Du Pré-Catelan, dirigez vous directement vers la
grande cascade ; du haut de la cascade, la vue s'étend, à
votre gauche, sur un moulin, dernier vestige de l'ancienne et célèbre abbaye de Longchamp, l'Hippodrome
et le Champ des courses, et, à votre droite, par le mont-
Valérien, le fort le plus élevé de Paris.

Des voitures, qui stationnent aux environs de la cascade, vous ramèneront, si vous le désirez, à Paris.

En revenant par l'allée de Longchamp, vous trouverez le jardin d'Acclimatation du bois de Boulogne,
placé entre la porte des Sablons et celle de Madrid.

Ce jardin, des plus intéressants, est ouvert toute la
journée.

Le prix d'entrée, dimanches et jours de fêtes, pour
le jardin et les serres, est de 1 fr.

Pour les autres jours, le Jardin zoologique, seulement
50 cent. ; pour les serres, 50 cent. en plus.

Pour une voiture et la livrée, non compris le droit
d'entrée, on paye 3 fr.

Vous reviendrez dans Paris par le parc de Monceaux,
qui avait été créé par Louis-Philippe d'Orléans, duc de
Chartres. Aujourd'hui, c'est un vaste jardin public,
formant le centre d'un nouveau quartier, où viennent
aboutir les boulevards de Monceaux, de Malesherbes et
de Courcelles.

De retour à Paris par la place de la Madeleine, vous
arrivez au boulevard des Capucines ; jetez un coup d'œil
en passant sur le grand hôtel, magnifique palais faisant

l'angle du nouvel opéra aujourd'hui en construction, et appelé à devenir la huitième merveille du monde. Puis ensuite le boulevard des Italiens, appelé autrefois *boulevard de Gand*, où le beau monde se donne rendez-vous le soir, et où resplendissent de riches magasins et des cafés somptueux brillamment illuminés.

A 6 HEURES : Dîner *au Rocher*, passage Jouffroy, au boulevard Montmartre. (Prix : 3 fr.)

Emploi de la soirée : Aller soit au Gymnase, soit aux Variétés, ou bien au théâtre du Vaudeville.

LUNDI

Deuxième Journée

A 10 HEURES : Déjeuner au Palais-Royal.
A 11 HEURES : Suivre la rue Saint-Honoré, visiter *l'église Saint-Roch.*

ÉGLISE SAINT-ROCH

Cette église, située rue Saint-Honoré, 298, fut longtemps la succursale de l'église Saint-Germain-l'Auxerrois.

Le style de la construction est tout moderne et n'a rien de remarquable à l'extérieur.

En 1635, Louis XIV et Anne d'Autriche, sa mère, en posèrent la première pierre ; elle ne fut terminée qu'en 1740, grâce aux cent mille livres données à l'église par

le célèbre financier Law devenu catholique et contrô-
leur général des finances.

Le clocher de Saint-Roch est comme isolé de l'église.

C'est du haut des marches descendant dans la rue
Saint-Honoré, que le général Bonaparte, à la tête des
républicains, foudroya les troupes royalistes qui étaient
parties de la Convention pour venir l'attaquer (13 ven-
démiaire an IV).

L'intérieur de Saint-Roch est orné et élégant ; les
cérémonies qui ont lieu les jours de fêtes y sont d'une
grande magnificence.

On y voit des tableaux des grands maîtres de notre
époque.

On doit visiter la chapelle de la Vierge, et au fond
la crypte du Saint-Sépulcre.

On voit dans les chapelles des monuments et mar-
bres funéraires d'illustres personnages, du grand
Corneille, du duc de Créqui, du maréchal d'Asfeld, du
comte d'Harcourt, de Lenôtre, de Maupertuis, de
l'abbé de l'Epée, fondateur de la méthode et de l'établissement des Sourds-Muets, de Mme Deshoulières
et de Mme Lalève de Juilly.

Aller de là à la *place Vendôme*, visiter *la Colonne*.

Cette place d'un octogone régulier fut dressée par
les ordres de Louis XIV, sur l'emplacement de l'ancien couvent des capucines et de l'hôtel de Vendôme,
démolis en 1685.

Les hôtels et les maisons qui l'encadrent sont dus
aux dessins et plans de l'architecte Mansart ; com-
mencés en 1699, ils furent terminés en 1715.

Elle avait d'abord reçu le nom de place des Conquêtes, à cause de la statue de Louis XIV qui y fut élevée.

Mais au mois d'août 1792, cette œuvre remarquable du célèbre Girardon disparut, et la place prit le nom de place des Piques.

Ce n'est qu'en 1806, qu'on érigea la Colonne qui en orne aujourd'hui le centre; (hauteur 45 mètres, diamètre 4 mètres), et qui est surmontée, depuis novembre 1863, de la statue de l'Empereur Napoléon Ier, en costume d'empereur romain.

Cette colonne est couverte de plaques de bronze disposées en spirales, provenant des 1,200 pièces de canon prises sur les Autrichiens, les Russes et les Prussiens et retraçant les glorieux exploits des Français de 1805 jusqu'à la bataille d'Austerlitz.

Un escalier intérieur mène par 176 marches en fonte et à jour à une galerie qui soutient la base de la statue de l'Empereur.

La nouvelle statue a remplacé celle de l'Empereur, avec le costume sous lequel il était connu de tous, c'est-à-dire la redingote et le petit chapeau.

Cette dernière statue est aujourd'hui établie sur un piédestal, au rond point de l'avenue de Courbevoie.

Suivre la rue de la Paix, prendre les Boulevards, visiter la *Madeleine*.

ÉGLISE DE LA MADELEINE

Ce vaste monument qui ressemble à un temple grec plutôt qu'à une église, a quelque rapport avec la maison carrée de Nîmes.

Il est entouré de 52 colonnes cannelées, d'ordre corinthien ayant 45 mètres de hauteur : on arrive au perron par 32 marches ; sur une élégante porte de bronze, on voit représentés en relief les dix commandements de Dieu, et sur les panneaux, divers sujets tirés de l'Histoire Sainte.

Avant d'être l'église actuelle de la Madeleine, ce monument était destiné par l'Empereur Napoléon Ier, à être le temple de la gloire, mais les événements de 1814 changèrent cette destination.

Il devint église sous le vocable de Sainte-Madeleine, suivant ordonnance royale du 14 février 1816.

Le sujet du fronton de la Madeleine est dû à l'habile ciseau du sculpteur Lemaire. Il représente le jugement dernier.

L'intérieur de l'église est d'une grande magnificence, et orné de peintures et sculptures, ayant rapport aux actes de la vie de la Madeleine.

Voir le maître autel, sculpté en marbre blanc par Marochetti ; dans la chapelle de droite servant aux mariages, on admire le mariage de la Vierge œuvre élégante de Pradier ; dans celle de gauche destinée aux baptêmes, on voit le baptême de Jésus-Christ par Rude.

La nef a huit chapelles remarquables ; on devra faire attention aux deux bénitiers en marbre sculptés par

2

Lemoine, et à un riche buffet d'orgues, placé au-dessus de la porte d'entrée.

L'église de la Madeleine, a été bénie en mai 1842 par l'archevêque de Paris.

L'intérieur de ce monument est voûté souterrainement ; la toiture est toute en fer et cuivre ; l'intérieur de l'église est éclairé par le haut.

Descendre la rue Royale, se diriger vers la *place de la Concorde.*

Au centre de la place de la Concorde, (appelée autrefois place de la Révolution), se dresse, entre les Tuileries et les Champs-Élysées, l'obélisque de Luxor, monolithe donné à la France par Méhémet-Ali, pacha d'Egypte, et élevé en 1834 sous la direction et sur les plans de l'habile architecte Lebas.

On trouve au Conservatoire des Arts-et-Métiers, les plans, devis et modèle de ce monument égyptien.

Passer le pont de la Concorde, et visiter *le Corps Législatif,* situé quai d'Orsay.

C'est dans ce palais (anciennement nommé Palais-Bourbon) que se tiennent les assemblées du Corps Législatif.

Ce monument fait face à l'église de la Madeleine, son entrée principale est par la place du Palais-Bourbon, rue de l'Université.

Il faut voir la salle des séances, la salle des conférences, la salle des Pas-perdus et la Bibliothèque.

Les séances de la Chambre sont publiques vers deux heures.

Galeries réservées pour vingt personnes environ. On délivre à MM. les Députés des billets pour chaque séance, qu'ils distribuent à ceux qui leur en font la demande.

A côté du Palais-Bourbon est le nouvel hôtel du ministère des Affaires étrangères.

De là se rendre à l'*Hôtel des Invalides*, près la rue Saint-Dominique.

Cet hôtel et l'Esplanade des Invalides, sont ouverts tous les jours au public, de onze heures à quatre heures.

On devra visiter le tombeau de l'Empereur Napoléon Ier.

Le public est admis, les lundis et jeudis, de midi à trois heures.

On entre par la place Vauban, derrière l'hôtel.

La fondation de cet hôtel est due à la munificence de Louis XIV (1670), « pour assurer une existence heureuse aux militaires mutilés ou infirmes qui se trouveraient sans ressources, après avoir blanchi sous les drapeaux. »

L'organisation des Invalides est due à l'Empereur Napoléon Ier.

Pour y être admis, il faut avoir trente ans de services, ou des blessures graves.

Le nombre des pensionnaires actuels est de trois mille environ, non compris les officiers, qui sont au nombre de cent soixante.

Logés, nourris, chauffés et habillés aux frais de l'État, les invalides reçoivent en outre une paye de deux francs par mois, et sont l'objet des plus grands soins ; leur nourriture est bonne, saine et suffisamment abondante ; leurs dortoirs sont propres et bien aérés.

La cour extérieure de l'hôtel, entourée de fossés, est dominée à droite et à gauche par une batterie composée de dix-huit pièces de canon.

Ce sont ces canons qui annoncent aux Parisiens les victoires et les grands événements.

A côté de cette batterie, on aperçoit, des deux côtés, de nombreux canons de tous les calibres, de tous les modèles, puis de petits jardins, amusement de ces vieux soldats.

En face, est l'entrée de l'hôtel.

La façade, se développant sur le jardin, a quelque chose d'imposant.

Elle se compose de trois étages : sa longueur est d'environ 200 mètres.

Des trophées d'armes, des casques et des drapeaux sculptés dans la pierre, ornent les toits des mansardes.

Le portail est décoré de la statue de Louis XIV, près duquel sont deux statues en bronze.

Après la cour d'honneur, il faut visiter les réfectoires, les cuisines et les dortoirs.

Au centre de la façade méridionale est l'église, sur le portail de laquelle a été placée la statue en pied de l'Empereur Napoléon.

Au premier sur le devant, en face de la chapelle, on trouve la chambre du Conseil et la bibliothèque, et sur les deux côtés, au premier et au deuxième étage, les dortoirs, l'infirmerie et les appartements du gouverneur.

Les quatre réfectoires sont au rez-de-chaussée ; une salle particulière est disposée pour les officiers, les trois autres sont pour les soldats.

Les chefs sont servis en porcelaine et en argenterie, don de l'Impératrice Marie-Louise.

L'ordinaire est de deux plats pour les soldats, et de trois pour les officiers.

Le maigre exclusif est inconnu dans l'hôtel, même le vendredi saint.

Les cuisines renferment des marmites monstres, pouvant contenir 600 kil. de viande.

Les dortoirs des premier et deuxième étages, sont tenus avec une grande propreté : chacun contient cinquante lits ; chaque soldat a le sien.

L'église de l'hôtel, (sous le vocable de Saint-Louis), se compose d'une nef et de deux bas côtés, au-dessus desquels s'ouvrent des tribunes.

L'autel, placé sous une arcade, communique avec une seconde église dite le Dôme, dans laquelle on a placé le tombeau de l'Empereur.

On ne peut pénétrer dans cette seconde église, que par la place Vauban.

L'église Saint-Louis sert de sépulture aux maréchaux et contient de nombreux monuments élevés à la mémoire d'illustres guerriers.

2.

Sur les deux côtés de la voûte, sont appendus de nombreux drapeaux, trophées glorieux pris sur les ennemis combattus par les Français.

Il faut visiter la bibliothèque fondée par l'Empereur. Établie au premier étage du pavillon central, elle est riche de trente mille volumes que les Invalides seuls peuvent lire et consulter.

On vous y montrera, sous un globe, le boulet qui a tué Turenne à Salzbach, et un modèle de sa statue équestre, un beau plan en relief de l'hôtel des Invalides, et la réduction en petit de la colonne Vendôme.

La chambre du conseil des maréchaux contient les portraits de tous les maréchaux, qui ont été gouverneurs des Invalides.

On aperçoit, en entrant, un sarcophage offert par la ville de Cherbourg, lors de la translation en France des cendres de l'Empereur, et un beau portrait de Napoléon Ier par Ingres.

Dans les combles est le musée où l'on voit les plans en relief des places fortes de France : ce musée est visible du 1er mai au 25 juin, sur permis délivré par le président du comité des fortifications.

Pour ce qui concerne le tombeau de l'Empereur, il est visible le lundi de midi à trois heures, et le jeudi aux mêmes heures, avec passeport ou moyennant une rétribution au gardien.

On devra remarquer les douze figures qui ornent le sarcophage ; c'est l'œuvre dernière de l'habile sculpteur Pradier.

Prendre en quittant les Invalides, l'avenue Lamothe-Piquet, visiter *le Champ de Mars* et *l'École militaire* qui sont près de l'hôtel des Invalides.

Le Champ de Mars est un vaste terrain qui sert aux grandes revues : on y arrive par le pont d'Iéna.

A l'extrémité de ce Champ, en face du pont, se trouve l'Ecole militaire.

C'est sur l'emplacement du Champ de Mars, qu'eurent lieu la cérémonie théâtrale de la Fédération, grande fête républicaine de 1790, l'exécution de Bailly, maire de la ville de Paris en 1793, la fête de la république en 1848, et la cérémonie impériale de la distribution des aigles, sous Napoléon Ier et sous Napoléon III.

Du Champ de Mars revenir au Palais-Royal, par le quai d'Orsay où se trouvent le *Palais* de *la Légion d'honneur, la Cour des comptes* et *le Conseil d'État.*

Le Palais de la Légion d'honneur est décoré d'élégantes sculptures. Acheté par l'empereur Napoléon Ier pour cette destination, il a pour devise inscrite sur sa façade : *Honneur et Patrie.*

Ce palais est la résidence du grand chancelier de France.

Les bureaux de la Légion d'honneur sont ouverts au public de onze heures à quatre heures.

La Cour des comptes est située au quai d'Orsay.

Elle est chargée de la vérification de tous les comptes des recettes et dépenses publiques.

Le Conseil d'État est près de la Cour des comptes.

Il prépare les projets de loi, et ses membres sont chargés d'en soutenir la discussion devant le Sénat et le Corps législatif.

Le Conseil d'État fait les propositions des décrets, pour les affaires administratives dont il est chargé.

A **6** HEURES : **Dîner** au Palais-Royal.

MARDI

Troisième Journée

Visiter, sur la place Saint-Germain-l'Auxerrois, l'ancienne église Saint-Germain-l'Auxerrois, la mairie du 1er arrondissement et la tour qui sépare ces deux monuments.

L'Eglise Saint-Germain-l'Auxerrois, en face la colonnade du Louvre, est une des plus anciennes églises de Paris. Elle fut construite par Philippe-le-Bel (XIIIe siècle).

Elle est tristement célèbre par les massacres de la Saint-Barthélemy du 24 août 1572.

Cet édifice a été récemment restauré et orné de peintures murales sous le porche extérieur, qui est défendu par une grille circulaire.

Des tableaux remarquables ornent l'intérieur, dont les vitraux magnifiques sont dus aux dessins de Maréchal, de Metz.

LA TOUR St-GERMAIN-L'AUXERROIS

Cette tour, d'un effet gracieux, vient admirablement compléter l'harmonie de la place du Louvre. Elle forme le centre de l'église d'une part, et de la nouvelle mairie du 1er arrondissement, d'autre part.

Ce dernier édifice et la tour ont été tout récemment construits, dans le même style que celui de l'église Saint-Germain-l'Auxerrois.

Prendre par le Pont-Neuf, visiter l'Hôtel des Monnaies.

Cet établissement, situé sur le quai Conti, est ouvert au public les mardis et vendredis, de midi à 3 heures.

Il est intéressant de visiter tous les ateliers de fabrication des monnaies, la salle des Médailles et la salle Napoléon, où l'on remarque un buste de Napoléon Ier, par Canova, l'illustre sculpteur italien.

Il suffit, pour être autorisé à faire cette visite, de s'adresser, par écrit, au directeur de l'Hôtel.

En sortant de la Monnaie, suivre le quai Conti jusqu'à l'Institut, entre le quai Malaquais et le quai Conti.

C'est dans ce palais, appelé aussi des Quatre-Nations, fondé par le cardinal Mazarin, que se tiennent les séances des cinq académies : 1o l'Académie française ; 2o des Inscriptions et Belles-Lettres ; 3o des Sciences; 4o des Beaux-Arts; et 5o des Sciences morales et politiques; et qu'ont lieu les réceptions des *quarante* de l'Académie française.

Puis visiter, rue Bonaparte, le palais des Beaux-Arts.

PALAIS DES BEAUX-ARTS

Ce palais, situé rue Bonaparte, 14, est ouvert au public le dimanche et tous les jours, de dix heures à quatre heures, mais seulement avec billets ou un gardien pour guide.

Remarquez, dans la cour, une des façades du château d'Anet, l'un des chefs-d'œuvre de Goujon et de Philibert Delorme; le portique du château de Gaillon, mélange élégant de gothique et de renaissance.

Au premier, on devra visiter l'hémicycle où Paul Delaroche a peint à fresque toute l'histoire de la peinture et de la sculpture, depuis les Grecs jusqu'à Raphaël et Michel-Ange; et la copie, par Sigalon, du *Jugement dernier* de Michel-Ange, d'après l'original qui orne la chapelle Sixtine à Rome.

On n'oubliera pas le Musée antique, les salles où sont exposés les tableaux ayant obtenu le grand prix de

Rome, depuis la fondation de ces prix jusqu'à nos jours, et la chapelle de l'ancien couvent des Augustins.

En sortant des Beaux-Arts, vous diriger vers l'église Saint-Sulpice.

ÉGLISE SAINT-SULPICE

Construite sur la place de ce nom, près du Luxembourg, cette église occupe l'emplacement d'une chapelle construite en 1212, qui fut réédifiée en 1646, sur les dessins de Charles Gamard..

Elle fut commencée sur les plans de l'architecte Delvau, en 1615; la nef ne fut construite que dans le siècle suivant.

Deux tours, d'une forme inégale, surmontent cette église; celle du midi est l'œuvre de Maclaurin, celle du nord est de Chalgrin; elles ont 70 mètres de hauteur. Le portail, achevé en 1745, a 118 mètres de longueur.

Le monument a une longueur de 140 mètres, une largeur de 56 mètres, et une élévation de 33 mètres.

La façade est l'œuvre de l'architecte Servandoni.

On remarque à Saint-Sulpice le maître autel, la chaire et l'orgue d'un puissant effet. Il faut admirer de belles peintures, les statues de saint Paul et de saint Jean l'Évangéliste, par Pradier; la chapelle de la Vierge, ornée de la statue en marbre de Notre-Dame, par Pigalle; la coupole de cette chapelle représentant l'assomption de la Vierge, par Lemoine.

La façon dont la lumière y est produite est d'un effet merveilleux.

Les chapelles sont décorées de fort belles peintures.

On devra examiner les bénitiers aux deux côtés du

chœur; ils sont composés de la valve d'un immense coquillage et reposent sur deux rochers de marbre blanc, œuvre de Pigalle.

En sortant de l'église Saint-Sulpice, vous rendre au *Palais du Luxembourg*, dans le faubourg Saint-Germain.

Ce palais, situé rue de Vaugirard, derrière l'Odéon, a été construit par la reine Marie de Médicis, en 1600, qui en disposa en faveur de Gaston de France, duc d'Orléans. De la famille d'Orléans, il passa entre les mains de Louis XIV.

Converti en maison d'arrêt pendant l'époque de la Terreur, il devint la résidence du Directoire, dont les cinq membres habitaient l'hôtel du Petit-Luxembourg.

Aujourd'hui, c'est le palais du Sénat, après avoir été successivement palais du Consulat, du Sénat conservateur et de la Chambre des Pairs.

Visiter les salles du Conseil et de la Réunion, la nouvelle salle des Séances, la salle du Trône, celle du Livre d'Or, et le salon de Lecture, la Chapelle, l'oratoire de Marie de Médicis; le tout orné de belles peintures et meublé d'une manière somptueuse.

Voir le jardin du palais, qui a été successivement agrandi par l'achat de divers terrains embellis par des massifs, de frais gazons, des fleurs, de la verdure, par la fontaine élégante de Médicis et un choix de belles statues de marbre.

En face de l'horloge et du Palais, une longue avenue conduit à l'Observatoire et à la statue élevée au maréchal Ney, victime en 1815 de la réaction royaliste; à droite, la Pépinière; à gauche, le Jardin botanique; à l'ouest, l'Orangerie, touchant au Petit-Luxembourg.

Visiter en détail le musée du Luxembourg, qui est ouvert tous les jours, de midi à 4 heures, excepté les lundis.

Ce musée est destiné spécialement aux ouvrages les plus remarquables des artistes vivants, et qui ont été achetés par le Gouvernement à la suite des expositions.

Pour le catalogue des ouvrages du musée, voir *Paris en poche*, de M. Henry de Conty.

A gauche du Luxembourg, visiter *le Panthéon*.

LE PANTHÉON

L'ancienne église de Sainte-Geneviève tombant en ruines, on éleva un nouveau monument en 1757, sur les dessins de l'architecte Soufflot, à qui la Constituante donna le nom de Panthéon, et qu'elle consacra à la mémoire des hommes illustres. Sur le fronton de l'édifice, on inscrivit cette légende : AUX GRANDS HOMMES LA PATRIE RECONNAISSANTE.

Ce fronton est décoré de bas-reliefs dus au ciseau de David d'Angers, qui y a représenté la Patrie distribuant des palmes aux groupes des grands hommes qui l'entourent.

Louis XV en posa la première pierre en 1764.

La façade principale, ornée de six colonnes d'ordre corinthien, est des plus magnifiques. Elle se compose d'un perron, auquel on arrive par onze marches, et d'un porche en péristyle à l'imitation du Panthéon de Rome.

Le dôme est appuyé sur un soubassement à pans coupés. L'édifice est terminé par une lanterne circulaire, ornée de huit colonnettes, qui fut établie en 1812.

La hauteur totale du monument est de 83 mètres, depuis l'entrée principale jusqu'à la partie la plus élevée ; sa longueur est de 110 mètres, le péristyle compris ; et sa largeur, de 82 mètres.

L'intérieur de l'église est élégant et sévère.

Dans le dôme, le peintre Gros, l'illustre élève de David, a peint dans sa coupole une apothéose de sainte Geneviève, chef-d'œuvre qui mit le sceau à sa réputation et lui valut le titre de baron.

Les peintures à fresque des angles, au-dessous de la coupole, sont de Gérard.

Des cryptes règnent sous l'édifice. Par suite du décret du 4 avril 1791, les restes mortels de Mirabeau et de Rousseau, furent déposés dans les caveaux souterrains.

On y trouve aussi le monument funéraire du maréchal Lannes, duc de Montebello, mort le 31 mai 1809 ; et, parmi les restes des célébrités de l'Empire qui y furent transportés, on remarque ceux du navigateur Bougainville, de Soufflot, l'architecte, et du géomètre Lagrange.

S'adresser, pour visiter les caveaux, au gardien, moyennant rétribution.

Le Panthéon fut, sous la Restauration, rendu au culte catholique comme église Sainte-Geneviève (1822).

Sous le Gouvernement de Juillet, elle redevint Panthéon, qui fut ensuite restitué au culte par décret de 1851.

Près du Panthéon, on aperçoit l'église de Saint-Étienne-du-Mont, que l'on commença à construire sous François Ier, en 1517. La première pierre de la façade fut posée, en 1610, par Marguerite de Valois. C'est dans cette église qu'est le tombeau de sainte Geneviève, la patronne de Paris.

A gauche de l'entrée du Panthéon, est l'École de Droit.

Revenir vers la place du Châtelet, par le boulevard Sébastopol, remarquer la *fontaine Saint-Michel*.

Elle est dominée par une statue colossale en bronze, représentant l'archange saint Michel terrassant le démon sous la forme du dragon.

Les deux statues qui ornent le fronton sont la *Puissance* et la *Modération*.

Quatre autres statues, également en bronze, la Justice, la Force, la Prudence et la Tempérance, sont supportées par deux colonnes en marbre rouge, régnant de chaque côté des groupes.

L'eau descend en cascade d'une hauteur de 7 mètres à la base du monument, et deux sphinx vomissent l'eau avec fureur.

De la fontaine, traverser le pont et vous rendre au *Palais de Justice*, près duquel se trouve le nouveau *Tribunal de Commerce*.

PALAIS DE JUSTICE

Ce palais, situé dans la Cité, fut d'abord le palais des rois de France, depuis Hugues Capet (987) jusqu'à Charles V, qui l'abandonna, en 1364, pour aller demeurer à l'hôtel Saint-Pol. Ce monument fut augmenté et restauré principalement par le roi saint Louis, qui y rendait la justice.

Les deux tours, servant d'entrée à la Conciergerie, ont été construites au XIIe siècle, par les ordres de Philippe-Auguste.

La tour carrée renferme la première horloge qui fut connue à Paris, au xiv° siècle...

Restaurée complétement aujourd'hui, c'est celle-là même que le roi Charles V fit venir de l'Allemagne.

Dans la lanterne de cette tour, on voyait avant la révolution de 1789, la cloche ou beffroi qu'on ne sonnait que pour annoncer aux Parisiens la mort de leur roi ou la naissance des fils aînés. Cette cloche, au 24 août 1572, donna le signal du massacre de la Saint-Barthélemy.

La grande salle des Pas-Perdus au Palais de Justice remplace celle qui fut détruite par l'incendie de 1618, et qui servait de salle de réception d'apparat.

Elle était ornée des statues des rois de France, et on y voyait cette fameuse table de marbre autour de laquelle s'asseyaient les rois et leurs nobles convives, lors des noces des princes et princesses du sang,

Plus tard, on y représenta les mystères, et les clercs de la Basoche y jouèrent leurs farces et pièces bouffonnes et satiriques.

Cette immense salle ou galerie a une étendue de 74 mètres en longueur, sur 28 mètres de largeur. On y remarque la statue de Malesherbes, l'immortel défenseur de Louis XVI.

Aujourd'hui, le Palais de Justice est complétement restauré; la cour qui le précède est fermée par une grille élégante en fer à lames dorées, qui laisse apercevoir un magnifique escalier menant à la salle des Pas Perdus.

L'édifice qu'on élève en face, et qui est presque terminé, est le nouveau Tribunal de Commerce.

Revenir par le boulevard Sébastopol, sur la place du Chatelet, ou vous verrez *la Fontaine du Palmier*.

Au centre de la place du Châtelet, s'élève la colonne

du Palmier ou des Pyramides, érigée en 1807, par Napoléon Ier, à la mémoire des armées françaises.

Le fût et le chapiteau de cette colonne représentent le feuillage et le tronc d'un palmier.

Sur le piédestal sont quatre statues : la Loi, la Force, la Prudence et la Vigilance, qui, debout et les mains unies, sont adossées autour de la colonne.

Sur les cordons de bronze doré qui entourent le fût, sont inscrits en lettres d'or les noms des victoires des Français. Des cornes d'abondance, terminées par des têtes de sphinx, projettent l'eau de la fontaine.

La face de la colonne vers le pont et l'autre face sont ornées d'une couronne de lauriers, au milieu de laquelle repose un aigle aux ailes déployées.

Au haut de la colonne, on aperçoit une demi-sphère dorée, sur laquelle apparaît une statue dorée de la Victoire, paraissant distribuer des deux mains des couronnes aux vainqueurs.

Toutes les sculptures de cette gracieuse fontaine sont dues au talent du sculpteur Bosio.

En prenant à votre droite, vous trouvez la *Tour Saint-Jacques*, que vous aurez à visiter.

La Tour Saint-Jacques est un des monuments les plus anciens de Paris ; il est situé près la place du Châtelet et rue de Rivoli.

Ce monument, des plus intéressants, était comme abandonné ; aujourd'hui, il a été l'objet d'une intelligente restauration, et isolé par la démolition d'affreuses maisons et échoppes qui en masquaient la vue.

Il est entouré d'un square élégant, véritable jardin entretenu par la munificence de la Ville, d'arbustes et de fleurs sans cesse renouvelés.

VUE GÉNÉRALE DU JARDIN DU PALAIS-ROYAL

Sous le péristyle est placée la statue de Blaise Pascal
La tour est surmontée de la statue de saint Jacques.

Avant sa restauration, elle était louée à des industriels qui s'en servaient pour fondre des balles et grains
de plomb.

On peut s'adresser au gardien, monter sur la tour,
moyennant 10 centimes.

MERCREDI

Quatrième Journée

Suivre la rue de Rivoli jusqu'à la place du Châtelet,
et traverser le nouveau pont au Change, pour aller
visiter *la Sainte-Chapelle.*

LA SAINTE-CHAPELLE

La Sainte-Chapelle, est un des plus anciens édifices
de l'art gothique, construit en 1242, par le roi saint
Louis près de son palais, sur les plans et dessins de
Pierre de Montereau, pour y recevoir la couronne
d'épines et les autres reliques qu'il avait achetées à
grand prix, de Baudouin, empereur de Constantinople.

Cette église, après avoir été pillée et abandonnée
pendant la Révolution de 1793, devint, pendant la
Restauration et sous le gouvernement de Juillet, le
dépôt des archives judiciaires du département de la
Seine ; sous Napoléon III, la Sainte-Chapelle fut com-
plètement et splendidement restaurée, sous la direction des habiles architectes Violet-le-Duc et Lassus.

L'église n'a qu'une nef, et se compose de deux chapelles superposées. Les vitraux qui l'éclairent sont magnifiques de dessins et de coloris, et sont les chefs-d'œuvre du genre.

On voit en entier le côté du midi donnant le jour; quant au côté septentrional, on n'en aperçoit que les fenêtres, à cause des bâtiments qui en cachent la base.

Le portail est à deux étages, et l'on aperçoit une flèche légère resplendissant d'or, pareille à celle primitive et qui s'élance hardiment dans les airs.

A l'extérieur et à l'intérieur, on remarque des sculptures et des colonnettes d'un style des plus élégants.

C'est dans la chapelle intérieure, que fut inhumé Boileau, qui a célébré d'une manière si comique, la querelle au sujet du lutrin de cette église.

Une pierre où est gravée une croix, indique le lieu où était ce lutrin.

En sortant de la Sainte-Chapelle, rendez-vous à *Notre-Dame*.

ÉGLISE NOTRE-DAME

Cette église, qui date du IVᵉ siècle, ne fut terminée qu'au XIVᵉ. Le chœur et la façade furent construits au XIIᵉ siècle, par Philippe-Auguste, et le grand autel fut consacré quatre jours après la Pentecôte 1182.

La forme de ce magnifique édifice est celle d'une croix latine.

Les trois portails d'entrée, ornés de sculptures, empruntées à l'histoire de l'Ancien Testament, sont surmontés de vingt-sept statues des rois de France, bienfaiteurs de cette église, et des deux statues de la Foi et de la Religion. Au-dessus de ces statues, on admire la grande rosace de la nef ; au-dessus de la porte principale d'entrée, on remarque un beau buffet d'orgues, ayant 15 mètres de haut sur 12 mètres de large.

La Révolution de 1793 a cru détruire à jamais ces monuments de reconnaissance et de piété, mais aujourd'hui Notre-Dame a été restaurée complétement, depuis le retour à l'ordre, par l'Empereur Napoléon Ier, par les rois qui lui ont succédé, et enfin Napoléon III aura eu l'insigne honneur de terminer ce chef-d'œuvre que nous ont légué les anciens âges.

Aujourd'hui, le sol a été, par suite des divers remaniements du terrain, élevé au niveau de l'église, en sorte que les treize marches par lesquelles on arrivait aux portails ont disparu.

L'église est partagée en cinq nefs, le chœur et le rond-point, le tout couronné de trente-deux chapelles.

Autour du chœur et de la nef, des galeries circulaires ont été pratiquées, d'où l'on peut jouir du coup d'œil des cérémonies aux jours de fêtes ou d'événements extraordinaires.

Le chœur, pavé de marbre et orné de riches sculptures, a 42 mètres de long sur 15 mètres de large. On y remarque de belles stalles en bois de chène, d'un admirable travail ; elles sont surmontées de magnifiques boiseries dont les sujets se rapportent à divers épisodes de la vie de Jésus-Christ et de la Sainte-Vierge.

La grille d'entre le chœur et la nef est un travail admirable de serrurerie.

Il faut admirer le maître-autel, le tabernacle, et derrière le maître-autel une descente de croix en marbre blanc, sculpture du célèbre Coustou ; les tableaux qui ornent le chœur, sont dus aux pinceaux de peintres renommés : Coypel, Philippe de Champagne, Jouvenel et autres. Voir en outre, dans la chapelle de la Vierge, la statue de Notre-Dame sculptée à Rome, par Raggi, dit le Lombard.

Les deux tours carrées accompagnant la façade ont une égale hauteur de 94 mètres ; l'escalier qui y conduit par la tour septentrionale a trois cent quatre-vingts marches.

Ces tours possédaient, avant la Révolution, un carillon complet ; depuis, le nombre des cloches a été diminué.

On y retrouve encore dans la tour du sud, le gros bourdon, pesant 82 milliers, fondu en 1683, puis refondu en 1685.

Son battant est du poids de 488 kilogrammes, il faut seize hommes pour le mettre en mouvement.

On a donné à la charpente du comble de l'église, le nom de *la forêt*, à cause du grand nombre de pièces de bois de châtaignier, dont elle est composée.

Le comble est recouvert de lames de plomb, pesant en tout 400 milliers.

On a construit derrière Notre-Dame, sur l'emplacement de l'ancien archevêché, démoli par le peuple en 1831, un jardin entouré de grilles, au centre duquel est une élégante fontaine.

Ne pas oublier de visiter le Trésor de l'église ; s'adresser au sacristain.

Noᴛᴀ. — A la pointe Est de la Cité, est le nouvel établissement de *la Morgue*, qui autrefois se trouvait près le quai du Marché-Neuf, à gauche du pont Saint-Michel,

C'est là qu'on transporte, pour y être exposés jusqu'à reconnaissance, les cadavres des personnes inconnues.

Suivre en quittant Notre-Dame les quais, et, passant devant la Halle aux vins, vous rendre *au Jardin des Plantes*.

JARDIN DES PLANTES

L'origine de ce jardin nommé aussi le Jardin du Roi, date de 1626 ; il est situé en face l'hôpital de la Pitié entre le quai Saint-Bernard, la rue du Jardin-des-Plantes et la rue de Buffon.

Il s'accrut considérablement depuis cette époque, notamment sous la direction du célèbre Buffon et de ses savants successeurs, au nombre desquels il faut compter Cuvier au premier rang.

Ce jardin occupe une étendue de plus de 42 hectares. La ménagerie est ouverte au public, du 1er mars au 31 octobre, depuis onze heures du matin jusqu'à cinq heures du soir, et, du 1er novembre au 1er mars, de onze heures à quatre heures.

On y trouve la plus belle collection connue d'animaux féroces, carnassiers, herbivores, de singes de toutes les espèces, de reptiles, d'oiseaux vivants, provenant de toutes les parties du monde.

Ils sont visibles de onze heures à quatre heures moins un quart, en été, et de midi à trois heures un quart, en hiver.

Si l'on désire voir le repas de sanimaux féroces aussitôt leur rentrée, il faut demander des billets au directeur, ou s'adresser, moyennant rétribution, au surveillant.

Il faut visiter les galeries de zoologie, de botanique, de géologie, de minéralogie, d'anatomie comparée, les magnifiques serres où croissent et fleurissent les arbustes et plantes exotiques les plus rares et les plus curieux, visibles au public, les mardis et jeudis, de deux heures à cinq heures, et le dimanche, de une heure à cinq heures, ou avec billet, permission ou passeport, les mardis, jeudis et samedis, de onze heures à deux heures.

Parcourir le jardin, la vallée suisse et faire l'ascension du labyrinthe.

Choses à voir : La fosse aux ours, la rotonde des singes, les pavillons occupés par les grands et petits éléphants, les girafes, l'hippopotame, les tapirs, les galeries des animaux empaillés, le cabinet des serpents vivants, etc.

Visiter en sortant la fontaine Cuvier, située à l'angle formé par la rue Cuvier et la rue Saint-Victor.

Les omnibus qui conduisent au Jardin des Plantes, sont marqués des lettres **G. T. U.**

Nota. — La bibliothèque du Jardin des Plantes est ouverte tous les jours, de onze heures à trois heures.

Prendre, pour revenir du Jardin des Plantes, le pont d'Austerlitz qui est en face.

Ce pont, dont les arches étaient en fonte de fer, fut commencé en 1801, et terminé en 1806.

Il a été récemment remplacé, comme n'offrant plus la solidité nécessaire, par un nouveau pont en pierre.

Il est long de 130 mètres et large de 13 mètres.

On lui a donné ce nom en commémoration de la victoire remportée en 1805, par l'Empereur Napoléon, sur les Russes et les Autrichiens.

Revenir par la place de la Bastille en prenant par le boulevard Richard-Lenoir, et le boulevard du Prince-Eugène.

JEUDI

Cinquième Journée

10 heures : **Du matin :** suivre la ligne des boulevards, c'est-à-dire : des boulevards Montmartre, Bonne-Nouvelle, Saint-Martin, des Filles du Calvaire, Beaumarchais, jusqu'à la place de la Bastille, où a été élevée la *Colonne de Juillet.*

COLONNE DE JUILLET

La place de la Bastille, contenait avant la Révolution de 1789 une forteresse, formidable prison d'État datant du XIVᵉ siècle, et qui a été complétement démolie et rasée ; une pierre à l'image de cette forteresse fut envoyée alors dans chaque département, pour annoncer à tous la fin de l'arbitraire.

Les autres pierres servirent à la construction du pont Louis XVI, (depuis appelé le pont de la Concorde).

Au centre de cette place s'élève la Colonne de Juillet, surmontée du génie de la liberté ; cette statue est en bronze doré. La hauteur du monument est de 50 mètres.

Louis-Philippe en posa la première pierre, le 28 juillet 1831.

L'inauguration en eut lieu le 28 juillet 1840.

La colonne est recouverte de bronze, et repose sur un piédestal en marbre blanc, orné de bas reliefs sur chaque face ayant aux angles quatre coqs gaulois. Une grille élégante entoure le massif qui supporte ce piédestal. Ce massif était destiné à recevoir une fontaine en fonte, avec un éléphant colossal.

Du haut de la Colonne, dans l'intérieur de laquelle a été pratiqué un escalier de deux cent dix marches, la vue s'étend sur un panorama magnifique.

Dans les fondations du monument de Juillet des caveaux ont été ménagés, et l'on y a inhumé les restes des victimes des journées de la Révolution, des 27, 28 et 29 juillet 1830.

A la place de la Bastille, prendre l'omnibus **P**. couleur jaune, qui vous conduira au *Cimetière du Père-Lachaise*.

CIMETIÈRE DU PÈRE-LACHAISE

Ce vaste enclos d'une étendue de 40 hectares, était autrefois une magnifique maison de campagne, donnée par Louis XIV au Père Lachaise jésuite, son confesseur. Elle s'appelait alors Mont-Louis, et provenait des Jésuites.

Cette propriété devint un cimetière, par suite du décret de l'Empereur Napoléon, en date du 21 mai 1804.

Une chapelle a été érigée à l'entrée de ce cimetière.

Il est parsemé d'un nombre infini de mausolées, monuments, chapelles, colonnes et pierres funéraires, parmi lesquels on remarque, à l'entrée de ce champ de repos, les mausolées d'Héloïse et d'Abeilard.

On doit mentionner en outre, ceux de Molière, Lafontaine, Beaumarchais, Bernardin de Saint-Pierre, Delille, Chénier, Parny, Boufflers, Suard, de Brongniart, David d'Angers, Chaptal, Cuvier, Casimir Périer, de Potier, Désaugiers, Grétry, Méhul, Cherubini, Boieldieu, du maréchal Masséna, de Gouvion, Saint-Cyr, de Suchet, du général Foy, de Mlle Clairon, de Mlle Mars, etc.

Revenant du cimetière du Père-Lachaise, par la place de la Bastille et la rue de Rivoli, aller visiter *l'Hôtel-de-Ville.*

HOTEL-DE-VILLE

Ce vaste et magnifique édifice, est situé place de Grève; Pierre de Viole, prévôt des marchands, en posa la première pierre le 15 juillet 1533, il fut ensuite reconstruit sous Henri II, et ne fut terminé que sous le règne de Henri IV, en 1606.

Depuis, il a été considérablement agrandi, et restauré par Louis-Philippe.

C'est aujourd'hui un des plus beaux monuments de Paris.

Sa façade est surmontée d'une campanille, ornée d'une horloge de Lepaute (1781), au-dessus de la porte d'entrée, vous apercevrez un bas-relief en bronze, représentant le roi Henri IV à cheval.

Sous une des arcades de la Cour, faisant face à l'entrée de l'hôtel-Dieu, est la statue en pied et en bronze de Louis XIV, sur son piédestal que décorent des bas reliefs et des inscriptions.

Vous devrez visiter la salle du Trône, avec ses deux vastes cheminées, ornées de cariatides et de figures allégoriques.

Cete salle a servi et sert aux fêtes publiques, bals et banquets officiels, offerts par la ville de Paris.

Les salons jaune et bleu, les deux salons des Arts, les galeries des fêtes, les deux salons des Prévôts, les arcades de l'Empereur, méritent une attention particulière.

Vous pourrez voir aussi la bibliothèque, qui est ouverte tous les jours au public, de dix heures à trois heures : fermée du 15 août au 1er octobre.

A deux heures, prendre une voiture, place du Châtelet et vous faire conduire au *Musée d'Artillerie*, place Saint-Thomas d'Aquin.

MUSÉE D'ARTILLERIE

Ce Musée est une précieuse collection d'armes, offensives et défensives, armures, et de machines de guerre de toutes les époques, classées dans cinq vastes galeries.

Remarquer les armures de Godefroy de Bouillon, de Jeanne d'Arc, de François Ier, d'Henri IV.

Trois grandes armoires vitrées, renferment les armes à feu les plus intéressantes.

On trouve aussi au Musée d'artillerie, les plans en relief des forteresses les plus importantes de France, et une bibliothèque spéciale.

Ce musée est ouvert au public, le jeudi, de midi à quatre heures et les autres jours, sur la présentation d'un billet, demandé au conservateur du Musée, ou sur le vu d'un passeport,

Revenir par la rue du Bac, le pont Royal et les *Tuileries*.

PALAIS DES TUILERIES. — JARDIN

Sur le terrain où se trouve aujourd'hui le Palais, étaient établies des tuileries. Ce terrain fut acheté par la Reine Catherine de Médicis qui, en 1564, y fit construire un palais, par son architecte Philibert Delorme.

Henri IV, voulant que ce palais fût réuni à celui du Louvre, fit bâtir la galerie du côté du quai.

L'autre galerie, commencée par Louis XIV, a été terminée par l'Empereur Napoléon III.

Ce palais ne devint réellement résidence royale, que sous la minorité de Louis XIV.

Louis XVI, qui résidait au palais de Versailles, fut contraint de venir habiter celui des Tuileries, à partir du 5 octobre 1789.

Depuis Bonaparte, premier consul, qui en fit sa demeure au 1er février 1800, le palais des Tuileries est le siége du pouvoir exécutif.

Le château n'est visible que pendant l'absence du Souverain, et sur la permission du Ministre d'État

En ce moment il ne peut être visité, à cause des travaux de reconstruction des pavillons Marsan et de Flore, qui menaçaient ruine.

Visiter la salle des maréchaux, la chapelle, la salle de spectacle, sortir par le Jardin des Tuileries, dont la portion réservée à la promenade de l'Empereur et de l'Impératrice est accessible en son absence.

Le jardin créé par Lenôtre est remarquable par de frais tapis de verdure, des corbeilles de fleurs sans cesse renouvelées, des arbres séculaires, l'orangerie et par de nombreuses statues, dues au ciseau des grands maîtres anciens et modernes, Lepautre, Coysevox, Coustou, Debay, Barye, David d'Angers, Lemaire, Pradier, Bosio, Foyatier, etc.

Vers la sortie du jardin du côté de la place de la Concorde, deux groupes équestres de Coysevox ornent les deux pilastres de l'entrée de la place.

Nota. — Il y a concert tous les soirs dans le jardin, à cinq heures, pendant la belle saison, et théâtre des marionnettes pour les enfants.

VENDREDI

Sixième Journée

A **10** heures. — Suivre la rue Richelieu et visiter *la Bibliothèque impériale.*.

BIBLIOTHÈQUE IMPÉRIALE

Cet établissement, rue de Richelieu, 58, est ouvert au public tous les jours, sauf les dimanches et fêtes.

On peut le visiter, les mardis et vendredis, de dix heures à trois heures. Fermé du 1er septembre au 15 octobre.

C'est le dépôt le plus vaste de l'Europe : il est divisé en quatre sections.

1o Livres imprimés (plus de 600,000 volumes).

2º Livres manuscrits (plus de 85,000 volumes et un nombre infini de pièces manuscrites d'un intérêt historique, de toute langues et de toutes les époques).

Dans une immense galerie (la Mazarine), faisant partie des anciens appartements du cardinal Mazarin, on peut voir, à travers des montres vitrées, des manuscrits chinois, persans, arabes, turcs, grecs et latins du VIIᵉ au XVIIᵉ siècle ; des autographes d'Agnès Sorel, de Mᵐᵉˢ de Sévigné, La Vallière, Maintenon ; d'Henri IV, de Sully, Fénélon, Bossuet, Corneille, Racine, Boileau, Pascal, Jean-Jacques Rousseau, Voltaire, Montesquieu et autres personnages célèbres.

3º Médailles et antiques, composés de plus de 100,000 monnaies ou médailles ; plus de 7,000 pierres gravées et 3,000 antiques.

4º Et, enfin, estampes, plans et cartes de tous les pays, collection commencée et patronée par Colbert.

Les estampes figurent pour 120,000, contenues en plus de 6,000 volumes, portefeuilles ou cartons, la plupart sont avant la lettre ; les plans et cartes dépassent le nombre de 50,000.

L'origine de la Bibliothèque nationale est due à Charles V, qui avait réuni environ 900 volumes, dont il permettait la communication aux lettrés de son temps. Le premier inventaire de ces livres date de 1373.

Les bâtiments n'étant plus suffisants pour contenir la quantité considérable de livres, manuscrits, etc., accumulés dans ce vaste local, un remaniement général a eu lieu, et l'on peut voir aujourd'hui, en passant rue Vivienne, l'immense développement des bâtiments qui ont été appropriés à tous les services de la Bibliothèque impériale.

A midi, visiter *la Bourse*.

PALAIS DE LA BOURSE

Ce palais est situé sur la place de ce nom, entre la rue Vivienne et les boulevards.

Elle est ouverte tous les jours au public pour les négociations de bourse, de midi à trois heures, et pour les opérations commerciales, de trois à cinq heures.

C'est à partir de 1861, que l'entrée en est devenue libre. Dans l'intervalle de 1857 à 1861, on payait 1 franc par personne pour droit d'entrée

Entrer par l'escalier intérieur qui se présente à votre gauche, et monter au premier : de là vous dominerez la salle où est la corbeille des agents de change, et où se font les opérations de bourse, au milieu d'un mouvement et d'une animation de gestes et de paroles qui font croire qu'on assiste à une scène de gens agités par les transports de la folie.

L'intérieur de la Bourse est pavé tout en marbre, et le jour y parvient par les combles.

On ne peut qu'admirer les peintures en grisailles dues aux pinceaux vraiment magiques de Meynier et d'Abel de Pujol. On croirait voir des rondes-bosses admirablement sculptées sur les murailles.

Si, par hasard, vous aviez quelque transfert de rente à faire opérer, le bureau auquel vous auriez à vous adresser se trouve au premier, à gauche de la porte principale d'entrée.

A 1 HEURE. — Suivre la rue Vivienne, le Palais-Royal et vous rendre, soit à pied, soit en omnibus, au *Musée de Cluny*, au *Palais des Thermes*.

MUSÉE DE CLUNY

Ce musée est ouvert au public, les dimanches, de onze heures à quatre heures, et visible tous les jours, de midi à quatre heures, excepté le lundi, sur le vu d'un d'un passeport ou avec billets.

Riche collection d'objets du moyen âge et de la Renaissance.

Il faut voir la chapelle et visiter en détail la salle Dusommerard.

On y remarque un grand nombre de meubles sculptés, d'armes ciselées et damasquinées, des bas-reliefs, des statues, des émaux, des verres de Bohême.

Des communications intérieures conduisent de l'hôtel Cluny au palais des Thermes, construit par l'empereur Julien (355—361).

Ce monument, aujourd'hui complétement restauré, se trouve encadré dans un square des plus élégants, qui est décoré de statues et d'animaux anciens.

Une belle grille entoure ce remarquable établissement.

En sortant du musée de Cluny, prendre l'omnibus, lettre **AG**, couleur chocolat, qui vous ramènera à la pointe Saint-Eustache, où vous pourrez visiter les *Halles centrales* et *l'église Saint-Eustache*.

HALLES CENTRALES

Les Halles centrales, rue Rambuteau, se composent de huit pavillons carrés, joints entre eux par de spacieuses allées.

Remarquer, près des halles, la jolie *fontaine des Innocents*, dont les sculptures sont attribuées à Jean Goujon.

ÉGLISE SAINT-EUSTACHE

En face des Halles centrales, vous apercevrez une belle et vaste église, c'est Saint-Eustache.

Elle date de 1532, et un siècle s'est passé avant qu'elle ne fût terminée.

La construction de cet édifice est un mélange de plusieurs styles : grec, gothique et renaissance.

Malgré cela, c'est une des églises les plus remarquables de Paris.

Elle vient d'être complétement restaurée.

Sa voûte a une hauteur de 33 mètres, sa longueur est de 104 mètres, et sa largeur de 43 mètres.

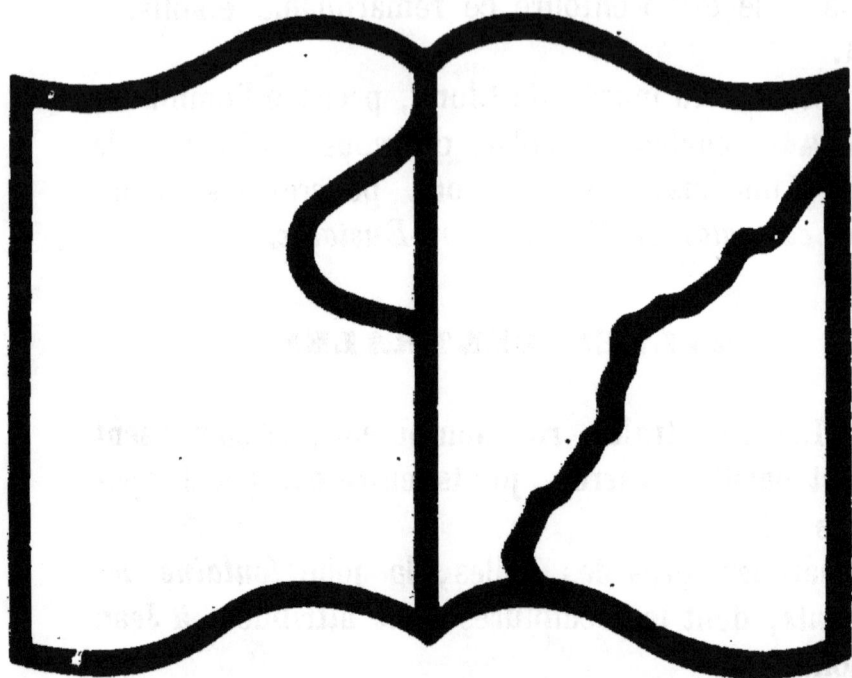

Les sculptures de l'intérieur du chœur sont admirables. Il faut remarquer les vitraux dont elle est ornée ; sa chaire à prêcher en bois sculpté par Soufflot ; son orgue, datant de 1854, à soixante-dix jeux variés, c'est un des plus beaux instruments modernes : il remplace celui qui fut brûlé dix ans auparavant ; les chapelles, avec leurs belles peintures à fresque ; et, enfin, derrière le chœur, une magnifique chapelle de la Vierge, consacrée par le pape Pie VII, le 28 décembre 1804, où l'on admire la statue de la Vierge, sculptée par Pigalle.

Saint-Eustache contient les monuments funéraires de Colbert, de Tourville, de Chevert, du Maréchal de La Feuillade, de Benserade, de Voiture, de Vaugelas et de Lamothe-le-Voyer.

Incessamment, cette belle église, isolée entièrement, sera entourée d'une grille.

SAMEDI

Septième Journée

Suivre la rue de Rivoli et prendre, en face de la Tour Saint-Jacques, le boulevard Sébastopol ; visiter le *Conservatoire des Arts et Métiers*.

CONSERVATOIRE DES ARTS ET MÉTIERS

Ce vaste établissement est situé rue Saint-Martin ; il est ouvert au public les dimanches et jeudis, de dix heures à quatre heures.

Tous les jours, aux mêmes heures, sur le vu d'un passeport ou moyennant rétribution au gardien.

On trouve dans ce Conservatoire une collection considérable de machines, outils et appareils propres à l'agriculture et aux arts industriels.

Devant cet édifice, la ville de Paris a fait établir un joli square, qui sert de promenade et de jardin à tout le quartier de la rue Saint-Martin et environs.

Prendre, en sortant du Conservatoire, l'omnibus, lettre **G** ou **U**, qui vous conduira à *la Manufacture des Gobelins*, où, à votre choix, prendre, square des Arts et Métiers, l'omnibus couleur verte conduisant à *Vincennes.*

LES GOBELINS

Cet hôtel, bâti sous Louis XIV, en 1662, est situé rue Mouffetard, 254, entre le Panthéon et le Jardin des Plantes.

La direction en fut donnée par le roi à Lebrun, son premier peintre.

On y remarque des tapisseries des XVIIe et XVIIIe siècles, et de magnifiques copies, en laine et soie, d'après Raphaël et les grands maîtres. Ces copies défient, pour la perfection et le coloris, les originaux les plus brillants de Paul Véronèse et de Rubens.

C'est en 1826 que la manufacture des tapis de la Savonnerie fut réunie aux Gobelins.

Cette manufacture avait été créée, en 1604, par la reine Marie de Médicis.

Ces tapisseries et tapis sont destinés à l'ameublement des châteaux impériaux, et aux cadeaux faits par l'Empereur aux souverains et princes étrangers.

Le catalogue se vend 1 fr. dans l'établissement.

Pour pouvoir le visiter, il faut se présenter avec un passeport ou un permis de l'administratenr de la manufacture, de une à trois heures, en hiver, et, en été, de deux à quatre héures.

Il faut visiter les ateliers en détail, pour se rendre compte de l'habileté de ces ouvriers artistes et des résultats merveilleux qu'ils obtiennent par ce tissu à la main, que de loin on croirait le produit d'une brillante peinture.

Prendre, pour revenir, l'omnibus **U**, vous ramenant rue de Rivoli.

VINCENNES

Vincennes est un joli bourg du département de la Seine, à deux kilomètres de la barrière du Trône, ayant une population de 12,000 habitants. Il est remarquable par son château, son donjon aux quatre angles arrondis en tourelles, par son musée d'armes, son polygone, son nouveau champ de courses et son bois d'une étendue de 876 hectares, qui a été embelli par les ordres de l'empereur Napoléon III, à l'instar du bois de Boulogne, de larges et belles allées, de pièces d'eau, de cascades, de pelouses et de frais gazons.

La fondation du château de Vincennes remonte à Philippe de Valois (xive siècle). Outre une haute tour isolée, située dans la cour, appelée *le Donjon*, grande tour carrée ayant 52 mètres de haut, et véritable type du moyen âge, ce château fort avait encore en 1808 neuf autres tours : presque en ruines, elles furent rasées à cette époque.

Louis XI transforma en prison d'État ce château qui,

jusqu'alors, avait été une résidence royale et un rendez-vous de chasse.

Mazarin vint y mourir ; c'est là que Louis XIV reçut les ambassadeurs de Siam, que madame de Pompadour fit établir, en 1740, la manufacture de porcelaines qui depuis fut transférée à Sèvres.

C'est de ce château fort que Mirabeau, captif pendant trois ans, écrivit ses *Lettres à Sophie* et son ouvrage sur les lettres de cachet.

Le brave général Daumesnil fut nommé, par l'empereur Napoléon Ier, gouverneur de Vincennes, qu'il ne voulut rendre qu'à Louis XVIII, lorsqu'il fut reconnu roi de France.

Lors de la révolution de 1830, c'est au fort de Vincennnes que furent enfermés les ministres Polignac, Peyronnet et leurs collègues, après leur condamnation par la Chambre des Pairs, réunie en haute cour de justice.

On montre encore au château les oubliettes et la salle où l'on donnait la question.

Le rez-de-chaussée sert de magasin pour l'artillerie ; les chambres servaient jadis aux prisonniers d'État.

Il faut visiter la chapelle, monument précieux de l'art gothique au XVIe siècle. Elle est ornée de magnifiques vitraux peints par Jean Cousin, d'après les dessins de Raphaël.

Derrière cette chapelle, ont été établis les magasins de l'artillerie ; et, à gauche, est la salle d'armes, immense arsenal contenant des milliers d'armes de toutes espèces. Au premier étage, sont disposés avec un goût parfait sabres, fusils, cuirasses, casques et mousquetons.

Dans ces derniers temps, on a considérablement agrandi le château par la construction d'un fort comprenant des casernes pour deux régiments d'artillerie, des écuries et des magasins à poudre. Un parc d'artillerie est toujours disponible en cas d'urgence.

Il y a dans le château une garnison composée d'un bataillon de chasseurs de Vincennes, de deux régiments d'artillerie, de quelques compagnies de sapeurs-mineurs et d'un régiment d'infanterie.

Le Gouvernement y a établi une école de tir : à droite du château se trouvent trois cibles, destinées au tir du canon et de la carabine.

Le polygone, depuis l'ouverture de l'hippodrome, du nouveau champ de courses, renferme de larges et belles allées qui conduisent directement au champ des courses.

Moyens de transport. — 1° Pour aller au château de Vincennes, — omnibus **AE**, couleur verte, partant tous les quarts d'heure du square des Arts et Métiers, boulevard Sébastopol : intérieur, 30 centimes ; impériale, 15 centimes.

Nota. — Pour voir le château de Vincennes, il faut une autorisation spéciale délivrée par le ministre de la Guerre, par le maréchal commandant l'armée de Paris, ou par le général commandant la place.

En pénétrant dans le château par le pont-levis, il faut s'adresser au gardien chef.

Le donjon et la salle d'armes ne sont visibles que les samedis.

A l'entrée du bois de Vincennes, à la station de Fontenay, on trouve un restaurant-chalet situé au centre des cascades et rivières, dans une délicieuse position.

— Chemin de fer de Vincennes, place de la Bastille, partant toutes les demi-heures : Prix, dans la semaine, 40 et 25 cent.; le dimanche, 50 et 35 cent.; — des omnibus, conduisant à la gare de Vincennes, partent toutes les demi-heures, place de la Bourse.

2° Pour aller au bois de Vincennes, le chemin le plus court est de s'arrêter, *par le chemin de fer*, à la station de Fontenay-sous-Bois.

On arrivera ainsi en plein bois.

DIMANCHE

Huitième Journée

Aller, soit à Versailles, à Fontainebleau ou à Saint-Cloud.

Consulter les affiches pour savoir si les Grandes Eaux jouent ce jour-là.

Pour les moyens de transport, consulter le *Paris en Poche*; — et, pour les autres environs de Paris, voir le même Guide.

VERSAILLES

A 20 kilomètres à l'ouest de Paris, chef-lieu du département de Seine-et-Oise, cette et grande belle ville, résidence habituelle des rois Louis XIV, Louis XV et Louis XVI, et dont toute la cour attirait à sa suite une population double de celle actuelle (30,000 habitants), est renommée par son magnifique Château, son vaste Parc, ses Eaux qui ont une réputation européenne, et encore par son Musée historique, créé par Louis-Philippe.

4.

Ce château n'était d'abord qu'un pavillon de chasse pour Louis XIII, il y allait coucher quand il ne voulait pas rentrer le soir à Saint-Germain.

Louis XIV consacra des sommes fabuleuses à l'agrandissement de ce château, qui fut témoin des fêtes fastueuses que ce monarque y donna en l'honneur de ses maîtresses favorites.

C'était alors le palais d'Armide, le palais enchanteur où tous les yeux étaient fixés sur le héros amoureux.

D'autres fois, c'était le théâtre de la politique ; la réception solennelle du doge de Venise, venant s'humilier devant la puissance du Roi (15 mai 1685) ; la réception des ambassadeurs du royaume de Siam, auxquels ils se montra dans tout l'éclat de sa magnificence.

Le grand et le petit Trianon furent ajoutés ensuite au parc de Versailles. Louis XV y continua la vie de plaisirs et de fêtes de son prédécesseur.

En 1789, le roi Louis XVI y convoqua les états généraux, dont il fit l'ouverture, le 4 mai, dans la salle dite des Menus.

Dans le Jeu de Paume, l'Assemblée nationale prête ce serment mémorable qui fixa l'avenir de la Révolution que les prédécesseurs de ce roi malheureux avaient préparée par leurs excès et leurs prodigalités.

Louis XVI et la famille royale, obligés par la population de Paris de quitter Versailles pour venir habiter la capitale du royaume, ne virent plus ce palais, naguère si beau, si animé par une cour, la plus brillante de l'Europe.

Pendant l'époque révolutionnaire et pendant le Directoire, Versailles n'eut à souffrir que de l'abandon et de l'isolement, il fut entretenu assez pour sa conservation.

A l'époque impériale, Napoléon y fit exécuter de grands travaux de restauration. Louis XVIII et Charles X continuèrent le même système de conservation ; après eux, Louis-Philippe voulut faire de ce palais l'asile de toutes les gloires de la France, et y établit un musée historique de toutes les époques, depuis le commencement de la monarchie française jusqu'aux conquêtes et victoires de l'Algérie.

Ce musée de peinture et de sculpture est ouvert au public tous les jours, de onze heures à quatre heures, excepté les lundis. (On y vend le livret de description.)

Voir le salon des Pendules, la galerie des Glaces, la salle du Sacre, la salle des Batailles, le salon de Diane, celui de Mars, celui de Mercure et celui d'Apollon.

Visiter le jardin ou parc, la pièce d'eau des Suisses, les bosquets, les vastes bassins des eaux, les allées ombragées et les deux Trianons.

Les *Grandes Eaux* jouent, dans la belle saison, le premier dimanche de chaque mois, vers les trois heures.

Celles du magnifique bassin de Neptune commencent seulement à cinq heures et demie.

C'est un spectacle merveilleux à voir et beau au delà de toute expression.

Moyens de transports : Chemin de fer de Versailles (rive droite), gare Saint-Lazare, partant toutes les heures à la demie.

Chemin de fer de Versailles (rive gauche), gare Montparnasse, partant toutes les heures aux heures.

Premières : 1 fr. 50 c. ; secondes : 1 fr. 25 c.

Omnibus conduisant aux deux gares, place de la Bourse et place du Palais-Royal.

Et chemin de fer Américain, rue du Bouloi, 24, et rue du Louvre, 2, partant toutes les heures.

Prix : 1 fr. — Escalier pour les dames qui peuvent, *exceptionnellement*, monter sur l'impériale de ces voitures.

FONTAINEBLEAU

Chef-lieu d'arrondissement du département de Seine-et-Marne, à 57 kilomètres, sud-est de Paris, station du chemin de fer de Lyon, Fontainebleau est situé au milieu de la forêt magnifique de ce nom.

Sa population est de 11,000 habitants.

En arrivant à la station, on voit un viaduc magnifique de trente arches.

Parmi les monuments remarquables, il faut citer d'abord le palais impérial, les deux casernes, l'hôtel de ville et un obélisque élevé lors de la naissance du dauphin, fils de Louis XVI.

Sur la place du Palais-de-Justice, s'élève une statue en bronze représentant le général Damesme, qui périt dans l'une des journées de juin 1848.

La forêt de Fontainebleau a une étendue de plus de 20,000 hectares, et 53 kilomètres de circonférence.

De cette forêt, la vue s'étend sur un panorama magnifique. On y rencontre des masses de roches d'un effet saisissant : il faut citer notamment le mont Ussy, le Nid de l'Aigle, la vallée de la Sole, le rocher des Deux-Jours, la roche cristallisée, la Gorge, le vallon d'Apremont, la caverne des Brigands, l'Hermitage, le Désert, la Roche-qui-Pleure, la gorge du Houx, la Croix du Grand-Veneur et la promenade de la Reine.

Le palais de Fontainebleau a été témoin de plusieurs événements remarquables consacrés par l'histoire.

En 1539, la réception de l'empereur Charles-Quint, par le roi François Ier.

En 1601, la naissance de Louis XIII.

En 1602, l'arrestation du maréchal de Biron, par l'ordre de Henri IV.

En 1657, l'assassinat de Monaldeschi, par les ordres de Christine de Suède.

En 1685, le 10 octobre, la révocation de l'Édit de Nantes, par Louis XIV.

En 1686, le 11 décembre, la mort du grand Condé.

En 1804, la restauration du château, par Napoléon Ier.

En 1808, la captivité de Charles IV, roi d'Espagne.

En 1809, le divorce entre l'Empereur et Joséphine.

En 1811, la captivité du pape Pie VII, pendant dix-huit mois.

En 1814, l'abdication de Napoléon Ier, les adieux de l'Empereur à sa garde.

En 1838, le mariage du duc d'Orléans, fils aîné de Louis-Philippe.

Pendant les règnes de Louis XVIII et Charles X, on ne fit qu'entretenir le château de Fontainebleau.

Sous Louis-Philippe, on restaura le château, on renouvela tout le mobilier, on rajeunit les célèbres peintures du Primatice et du Rosso.

On fit la restauration complète de la galerie des fêtes de Henri II (salle de bal que ce roi galant avait fait construire pour sa belle maîtresse, Diane de Poitiers), de la chapelle de Saint-Saturnin, des salles des Gardes, de Saint-Louis, de la galerie et des salons de François Ier et de Louis XIII, etc.

L'empereur Napoléon III qui, chaque année, va résider à Fontainebleau, a fait construire au château une magnifique salle de spectacle dont il fait les honneurs à ses nobles hôtes.

L'Empereur et l'Impératrice reçurent, le 27 juin 1861, dans la magnifique salle de Henri II, le frère du roi de Siam et son ambassadeur, étonnés sans doute de se voir à Fontainebleau.

Dans une des salles du palais, on a réuni les présents faits à leurs Majestés par les ambassadeurs de Siam.

On y voit une couronne d'or, des coupes, des bagues, des colliers enrichis de diamants et un palanquin à brancards d'ivoire.

Le château possède en outre une galerie chinoise et une image de la nouvelle salle du Palais-d'Été de l'empereur de Chine, souvenir de l'expédition française en Chine, en 1861.

Moyens de transport. — Chemin de fer de Lyon, 14 départs par jour ; — billets à prix réduits pour 24 heures de séjour. Prix, aller et retour : 8 fr. 20 c., 6 fr. 20 c. et 4 fr. 50 c.

Nota. — Le pavé de Paris provient des carrières des environs de Fontainebleau.

SAINT-CLOUD

Petite ville du département de Seine-et-Oise, à 9 kilomètres à l'ouest de Paris, bâtie en amphithéâtre sur le versant d'une colline bordant la rive gauche de la Seine. C'est une station du chemin de fer de Paris à Versailles (rive droite).

Sa population compte 4,000 habitants.

On y remarque son château impérial, une des rési-
dences d'été du Souverain, et qui appartient au domaine
de la Couronne, un beau parc ombragé d'arbres séculaires, des pièces et jets d'eau et une cascade d'un bel
effet s'élevant à 42 mètres.

Si l'on se trouve à Paris, au mois de septembre, il
faut aller voir la brillante fête de Saint-Cloud, qui se
tient dans le parc et qui y attire, pendant trois dimanches consécutifs, toute la population de Paris et
des environs.

Visiter, dans le parc, l'obélisque appelé la Lanterne
de Diogène, la terrasse du château, le jardin fleuriste
auprès de Sèvres, le pavillon d'Artois dans la première
cour, l'orangerie, le manége, les écuries, la salle de
spectacle, les nouvelles casernes et l'intérieur des magnifiques appartements du château, meublé avec une
élégante somptuosité.

Choisir de préférence un dimanche où les Grandes
Eaux doivent jouer, c'est-à-dire, le premier dimanche
de chaque mois, pendant la belle saison et pendant les
fêtes de septembre.

Moyens de transport. — Chemin de fer de Versailles
(rive droite), gare Saint-Lazare, partant toutes les
heures à la demie. Prix : 75 c., le dimanche, et,
50 c., dans la semaine.

— Bateau à vapeur, au quai d'Orsay, le dimanche.
Prix : 1 fr. — Chemin de fer américain, s'arrêtant à la
grille du parc, et partant toutes les heures, rue du
Bouloi, 24, et rue du Louvre, 2. Prix des places :
60 cent. le dimanche et 50 cent. dans la semaine.

RENSEIGNEMENTS UTILES

PARIS, capitale de la France, est la résidence de l'Empereur et le siége de son Gouvernement.

Dans l'été et l'automne, le Souverain habite tour à tour les palais impériaux de Saint-Cloud, de Compiègne et de Fontainebleau.

Les grands corps politiques sont :

Le Sénat;
Le Corps législatif;
Et le Conseil d'État.

Le palais du Luxembourg est le lieu des séances du Sénat : les séances ne sont pas publiques.

Le Sénat se compose : 1o des princes de la Famille impériale, des Maréchaux, des Amiraux et des Cardinaux ;

Et, 2o des personnages que l'Empereur juge dignes d'être sénateurs.

Le Corps législatif siége au palais Bourbon ; il se compose de députés élus dans chaque département par le suffrage universel.

La durée de leur mandat est de six ans.

C'est dans cette Chambre que sont discutés et votés les projets de lois et l'impôt.

Nota. — Les pétitions ne peuvent être adressées qu'au Sénat exclusivement.

Ses séances sont publiques.

Pour y assister, il faut demander des billets à la questure de la Chambre.

Le Conseil d'État siége au palais du quai d'Orsay.

Ce Corps est chargé de préparer les projets de lois et d'en soutenir la discussion devant le Sénat et le Corps législatif, conjointement avec les commissaires du Gouvernement.

MINISTÈRES

Pour obtenir audience des ministres, il faut faire une demande motivée par écrit.

Les bureaux sont ouverts de dix heures à quatre heures.

Ministère d'État, au Louvre, place du Palais-Royal.

Ministère de la Maison de l'Empereur, place du Carrousel et rue de Rivoli (tous les jours, de onze heures à quatre heures).

Maison de l'Empereur (dons et secours), rue de Rivoli.

Ministère des Affaires étrangères, rue de l'Université, 130 (les mardis et vendredis, de dix heures à trois heures).

Ministère de l'Agriculture, du Commerce et des Travaux publics, rue Saint-Dominique-Saint-Germain, 62 et 64; rue de Varennes, 78 *bis*, pour la direction de l'Agriculture et du Commerce (les mardis et vendredis, de deux heures à quatre heures).

5

Ministère des Finances, rue de Rivoli, 234 (tous les jours, de dix à quatre heures).

Ministère de la Guerre, rue Saint-Dominique-Saint-Germain, 90 ; bureaux : même rue, 86 et 88 (ouvert tous les jours, et les mercredis, de deux heures à quatre heures, pour les réclamations).

Ministère de l'Instruction publique et des Cultes, rue de Grenelle-Saint-Germain, 110 (le jeudi, de deux heures à quatre heures).

Pour la direction générale des Cultes, place Vendôme (ministère de la Justice).

Ministère de l'Intérieur, rue de Grenelle-Saint-germain, 101, et les bureaux, même rue, 103, et rue Bellechasse, 66 (les mardis et jeudis, de onze heures à trois heures).

Ministère de la Justice, place Vendôme, 11 et 13 ; bureaux : rue du Luxembourg, 36 (le vendredi, de deux heures à quatre heures).

Ministère de la Marine et des Colonies, rue Royale-Saint-Honoré, 2 (le jeudi, de deux heures à quatre heures).

Préfecture de la Seine, place de l'Hôtel de Ville.

Contributions directes du département de la Seine, rue de Ponthieu, 9.

Contributions indirectes, rue Duphot, 12.

Préfecture de Police, quai des Orfèvres, 26.

CORPS CONSTITUÉS

Sénat, au palais du Luxembourg.
Corps législatif, au palais Bourbon.
Conseil d'État, au palais et quai d'Orsay.
Légion d'honneur, au palais de la Légion d'honneur, quai d'Orsay.

AMBASSADES. — CONSULATS

Angleterre, rue du Faubourg-Saint-Honoré, 39.
Autriche, rue de Grenelle-Saint-Germain, 87.
Bade, rue Boursault, 17.
Bavière, rue d'Aguesseau, 15.
Belgique, rue de la Pépinière, 97.
Brésil, rue de la Pépinière, 106.
Brunswick (duché de)', rue de Penthièvre, 19.
Chili, rue de Laval, 26.
Confédération Argentine, rue Saint-Florentin, 14.
Confédération Germanique (voyez Villes libres), rue Matignon, 12.
Costa-Rica, place de la Bourse, 4.
Danemark, rue de la Pépinière, 88.
Deux-Siciles, rue Taitbout, 5.
Équateur, avenue Matignon, 15.
Espagne, quai d'Orsay, 25.
États-Romains. rue de l'Université, 69.
États-Unis d'Amérique, rue de Marignan, 3.
Grèce, avenue Gabriel, 46.
Guatemala, rue Neuve-des-Mathurins, 102.
Haïti, rue de l'Arcade, 20.

Hanovre, rue de Matignon, 10 ; bureaux : rue de Penthièvre, 19.

Hesse électorale, rue Mogador, 18 ; Visa : rue Beaubourg, 40.

Hesse grand-ducale, rue de Grenelle-Saint-Germain, 112.

Italie, rue Saint-Dominique-Saint-Germain, 133.

Mecklenbourg–Schwerin, rue du Marché-d'Aguesseau, 18.

Mecklenbourg-Strelitz, rue du Marché-d'Aguesseau, 18.

Mexique, rue Soufflot, 13.

Nassau (voyez Pays-Bas), avenue des Champs-Élysées.

Nicaragua, rue de la Ville-l'Évêque, 36.

Nouvelle-Grenade, rue du Faubourg-Saint-Honoré, 134.

Parme et *Plaisance* (voir Italie).

Paraguay, rue de la Chaussée-d'Antin, 53.

Pays-Bas, avenue des Champs-Élysées, 121.

Pérou, rue Saint-Lazare, 31.

Perse, Rond-Point de l'Étoile, 3.

Portugal, rue d'Astorg, 12.

Prusse, rue de Lille, 78.

Russie, rue du Faubourg-Saint-Honoré, 33.

Saint-Marin, rue Joubert, 14.

San Salvador, rue d'Aumale, 19.

Saxe-Cobourg-Gotha, rue Saint-Lazare, 92.

Saxe-Royale, rue du Faubourg-Saint-Honoré, 170.

Suède et *Norwége*, rue d'Anjou-Saint-Honoré, 74.

Suisse, rue d'Aumale, 9.

Turquie, rue de Grenelle-Saint-Germain, 116.

Venezuela, avenue Matignon, 15.

Villes libres et hanséatiques de Lubeck, Brême et *Hambourg, et ville libre de Francfort*, rue Matignon, 12, de dix heures à deux heures. — Visa gratis.

Wurtemberg, rue de l'Arcade, 46. — Visa : rue de la Ferme-des-Mathurins, 48.

POUVOIRS JUDICIAIRES

Cour de cassation, au Palais de Justice.
Cour des comptes, rue de Lille, 62 *bis*.
Cour impériale de Paris, au Palais de Justice.
Bureau de l'Assistance judiciaire près la Cour impériale de Paris. — Séances : le mardi de chaque semaine, à dix heures.
Tribunal de 4re instance, au Palais de Justice.
Tribunal de commerce, au palais de la Bourse.

NOTA — Incessamment en face le Palais de Justice.

Conseils des prud'hommes, rue de la Douane, 46.
Justice de paix, à chacune des mairies de Paris.
Tribunal de simple police, au Palais de Justice.

ADMINISTRATIONS

Banque, rue de la Vrillière. — Escompte des effets de commerce timbrés, à trois signatures. — Dépôt d'argent, de titres et de valeurs. — Recouvrements.

Comptoir national d'escompte, rue Bergère, 44.

Enregistrement et Domaines, Timbre, rue de la Banque. — Dépôts de papiers timbrés dans tout Paris et chez les principaux débitants de tabac.

Archives de l'Empire, rue de Paradis, au Marais, 20.

Contributions directes, au ministère des Finances, rue de Rivoli, 234.

Contributions indirectes et *Douanes*, rue Monthabor, 21. — Ministère des Finances.

Crédit foncier, rue des Capucines, 19.

Crédit insdustriel et commercial, Chaussée-d'Antin, 66.

Crédit mobilier, place Vendôme, 15.

Dépôts et Consignations (Caisse des), quai d'Orsay.

Forêts, (Administration des), rue du Luxembourg, 21.

Imprimerie impériale, rue Vieille-du-Temple, 87. — Visible, avec permis, le jeudi, à deux heures.

Observatoire et bureau des longitudes, derrière le Luxembourg et avenue de l'Observatoire.

Postes (hôtel des), rue J.-J. Rousseau.

FACULTÉS

Faculté de droit, place du Panthéon.

Faculté de médecine, place de l'École-de-Médecine.

Faculté des sciences et des lettres, à la Sorbonne.

École de Pharmacie, rue de l'Arbalète, 17.

COLLÉGE DE FRANCE

PLACE CAMBRAI.

Cours publics de sciences, langues; littérature française, grecque et latine, étrangère; philosophie et histoire. — Vingt-trois professeurs.

ÉCOLES SPÉCIALES

Arts et manufactures (école centrale des), rue du Chaume, 14, au Marais.

Beaux-arts (des) rue Bonaparte.

Chartes (des), rue du Chaume, 14, au Marais.

Conservatoire (du), musique et déclamation, rue du Faubourg Poissonnière, 15.

Conservatoire des arts et métiers (du), rue Saint-Martin, 208.

Droit (de), place du Panthéon, 8.

État-major (d'), rue de Grenelle-Saint-Germain, 136.

Médecine (de), rue de l'École-de-Médecine.

Mines (des), rue d'Enfer, 34.

Normale, rue d'Ulm, 45.

Pharmacie (de), rue de l'Arbalète, 21.

Polytechnique, rue de la Montagne-Ste-Geneviève, 71.

Ponts et chaussées (des), rue des Saints-Pères, 28.

BIBLIOTHÈQUES

Bibliothèque impériale, rue de Richelieu, 58. — Lecture tous les jours, sauf les dimanches et fêtes. — Visite du monument : mardis et vendredis, de dix heures à trois heures. — Fermée du 1er septembre au 15 octobre.

Bibliothèque Sainte-Geneviève, près du Panthéon. — 250,000 volumes. — Ouverte tous les jours (excepté le dimanche), de dix à deux heures, et le soir, de six à dix heures.

Bibliothèque Mazarine. — Ouverte tous les jours, de dix heures à trois heures, à l'Institut.

Bibliothèque de l'Arsenal, rue de Sully. — Visible tous les jours (le dimanche excepté), de dix heures à trois heures.

Bibliothèque du Corps législatif. — Visible avec une permission des questeurs ou des bibliothécaires.

Bibliothèque du Louvre, place du Palais-Royal (n'est pas publique).

ASSISTANCE PUBLIQUE

Bureau d'assistance publique, avenue Victoria, 3, et place de l'Hôtel de Ville.

HOPITAUX

Avis. — Les consultations gratuites ont lieu tous les jours, de huit à neuf heures du matin.

On peut visiter les malades, les jeudis et dimanches, de une heure à trois heures du soir.

Hôpital Beaujon, rue du Faubourg-St-Honoré, 208.

- *Charité* (de la), rue Jacob, 47.
- *Clinique* (de la), place de l'École-de-Médecine, 21.
- *Cochin*, rue du Faubourg-Saint-Jacques, 47.
- *Enfants malades* (des), rue de Sèvres, 149.
- *Hôtel-Dieu* (de l'), place Notre-Dame.
- *Lariboissière*, clos Saint-Lazare, près le chemin de fer du Nord.
- *Maternité* (de la), rue du Port-Royal, 5. (Maison d'accouchement.)
- *Midi* (du), place des Capucins, 15, rue du Faubourg-St-Jacques. — Maladies secrètes. (Hommes). — Chambre particulière, 2 fr. par jour.
- *Necker*, rue de Sèvres, 151.

— *Ourcine* (de l'), rue de l'Ourcine, 111. — Maladies secrètes. (Femmes).

— *Pitié* (de la), rue Lacépède, 1.

— *Saint-Antoine*, rue du Faubourg-Saint-Antoine, 184.

— *Saint-Louis*, rue Bichat, 40 et 42. — Spécialité de maladies de peau. — Chambre particulière, 2 fr. 50 c. par jour. — Entrée publique, les jeudis et dimanches, de midi à deux heures.

— *Sainte-Eugénie*, rue de Charenton, 89.

HOPITAUX MILITAIRES

Hôpital du Gros-Caillou, rue Saint-Dominique, 212.
Hôpital du Val-de-Grâce, rue Saint-Jacques, 277.

CAISSES

Caisse d'épargne, rue Coq-Héron, 5
   Caisse de retraite pour la vieillesse, rue de Lille, 56, à la Caisse des dépôts et consignations.

MONT-DE-PIÉTÉ

Mont-de-Piété (administration centrale), rue de Paradis, 7, au Marais. — Dix-sept succursales dans Paris.

VOITURES PUBLIQUES

TARIF POUR LES VOITURES SOUS REMISES

VOITURES	COURSE	HEURE	DE MINUIT 30 M. à 6 HEURES du mat.	
			Course	Heure
Calèches et Coupés..	2 fr. »	2 fr. 25	2 fr. 50	3 fr. «

EXTÉRIEUR DES FORTIFICATIONS

CALÈCHES et COUPÉS................ 3 fr. l'heure.

Indemnité de retour du bois de Boulogne, pour la course, 75 c.

TARIF DES VOITURES DE PLACE

VOITURES	COURSE	HEURE	DE MINUIT 30 M. à 6 HEURES du mat.	
			Course	Heure
A 2 places	1 fr. 25	1 fr. 75	2 fr.	2 fr. 50
A 4 et 5 places ...	1 fr. 40	2 fr. »	2 fr.	2 fr. 50

EXTÉRIEUR DES FORTIFICATIONS

Voitures à 2 places............... 2 fr. 50 c. l'heure.
A 4 et à 5 places............... 2 fr. 50 c. l'heure.

20 centimes, pour un colis; deux colis, 40 centimes; trois colis et au-dessus, 50 centimes.

Indemnité de retour du bois de Boulogne, pour la course : 75 c.

NOTA. — En montant en voiture, ne pas oublier de réclamer au cocher son numéro.

Ne pas le perdre ; car on peut avoir à se plaindre ou à réclamer, soit auprès du surveillant, soit auprès de l'administration.

Pour les objets oubliés ou perdus, s'adresser rue de Pontoise, 19.

L'administration des *Petites Voitures* envoie prendre à domicile, quand elle est prévenue par lettre à l'avance.

S'adresser à l'Administration générale, avenue de Ségur, 2.

OMNIBUS

Les omnibus qui sillonnent les divers quartiers de Paris partent, toutes les dix minutes, de leurs points extrêmes.

Leur service commence à 8 heures du matin jusqu'à minuit.

Prix des places : dans l'intérieur, 30 centimes, et, sur l'impériale, 15 centimes.

Les omnibus nouvellement réorganisés desservent aujourd'hui 31 lignes, correspondant aux différentes letttres de l'alphabet. Leur itinéraire, tracé d'avance, est indiqué sur les parois du véhicule.

Pour plus de détails, se reporter à la *Clef des Omnibus*, livret spécial, vendu dans tous les bureaux d'omnibus et passsage des Panoramas, 38, *Maison Guittet*.

Ce petit Guide contient, par ordre alphabétique, la liste des rues, boulevards, places et quais desservis par les omnibus. Avec lui, vous aurez l'avantage de pouvoir vous diriger vous-même dans tout Paris.

Parcours des 31 lignes.

A	Auteuil. — Palais-Royal.
AB	Passy. — Bourse.
AC	Petite-Villettte. Cours la Reine.
AD	Château-d'Eau. — Pont de l'Alma.
AE	Vincennes. — Arts-et-Métiers.
AF	Glacière. — Place Laborde.
AG	Montrouge. — Chemin de fer de l'Est.
B	Chaillot. — Saint-Laurent.
C	Courbevoie. — Louvre.
D	Ternes. — Boulevard des Filles-du-Calvaire
E	Bastille. — Madeleine.
F	Bastille. — Monceaux.
G	Batignolles. — Jardin des Plantes.
H	Clichy. — Odéon.
I	Montmartre. — Place Maubert.
J	Barrière des Martyrs. — Barrière St-Jacques.
K	La Chapelle. — Collége de France.
L	La Villette. — Saint-Sulpice.
M	Belleville. — Ternes.
N	Belleville. — Place des Victoires.
O	Ménilmontant. — Chaussée du Maine.
P	Charonne. — Bastille.
Q	Trône. — Palais-Royal.
R	Charenton. — Faubourg Saint-Honoré.
S	Bercy. — Louvre.

T	Gare d'Ivry. — Place Cadet.
U	Maison-Blanche. — Pointe-Saint-Eustache.
V	Barrière du Maine. — Chemin de fer du Nord.
X	Vaugirard. — Place du Havre.
Y	Grenelle. — Porte Saint-Martin.
Z	Grenelle. — Bastille.

THÉÂTRES

Opéra, rue Lepelletier. — Opéra et ballets. — Ouvert tous les lundis, mercredis et vendredis, et quelquefois le dimanche.

Bals pendant le carnaval : Prix d'entrée 10 francs.

Français, rue de Richelieu, 6, et au Palais-Royal. — Tragédies, drames, comédies.

Italiens, place Ventadour. — Ouvert les mardis, jeudis, samedis, et pendant six mois seulement, du 1er octobre au 1er avril.

Opéra-Comique, place Favart, boulevard des Italiens. — Comédies mêlées de chant.

Théâtre-Lyrique, place du Châtelet.

Odéon, second Théâtre-Français; place de l'Odéon. — Tragédies, drames, comédies.

Gymnase, boulevard Bonne-Nouvelle, 38. — Comédies, drames, vaudevilles.

Vaudeville, place de la Bourse. — Vaudevilles, comédies, drames.

Variétés, boulevard Montmartre. — Vaudevilles comiques, revues.

Palais-Royal : Pièces grivoises et bouffonnes ; farces joyeuses mêlées de couplets.

VUE GÉNÉRALE D'UN BAL MASQUÉ A L'OPÉRA.

Porte-Saint-Martin, boulevard Saint-Martin. — Drames, fééries, ballets.

Ambigu, boulevard Saint-Martin. —Drames, fééries.

Gaîté, square des Arts-et-Métiers.—Drames, fééries.

Cirque Impérial, place du Châtelet. — Pièces militaires, drames à grand spectacle, fééries.

Théâtre Déjazet, boulevard du Temple. — Pantomines, vaudevilles et pièces comiques.

Bouffes-Parisiens, passage Choiseul.

Théâtre-Allemand, passage de l'Opéra.

Viennent ensuite les théâtres des *Délassements,* des *Folies,* des *Funambules,* du *Petit-Lazari,* de *Beaumarchais* et du petit *Luxembourg.*

NOTA. — Les théâtres de Paris ont un bureau de location, où l'on peut, toute la journée, prendre d'avance des billets pour la représentation.

BALS D'HIVER

Casino, 16, rue Cadet, faubourg Montmartre. — Bals les lundis, mercredis et vendredis. Prix d'entrée : 2 francs. — *Concert, promenade,* les mardis, jeudis et samedis. Tous les dimanches, concert vocal et instrumental. Prix d'entrée : 1 fr.

Salle Valentino, rue Saint-Honoré, 359. — Bals, les dimanches, mardis, jeudis et samedis. Prix d'entrée : 3 et 2 fr.

Salle Barthélemy, rue du Château-d'Eau, 20. — Bals, les mardis, jeudis, samedis et dimanches. Concert les lundis. Prix d'entrée : 1 fr.

BALS D'ÉTÉ

Mabille, avenue Montaigne, 93. — Soirées dansantes,

les mardis, jeudis, samedis et dimanches. Prix d'entrée : 3 et 2 fr.

Château des Fleurs, avenue des Champs-Élysées, vis-à-vis Beaujon. — Fêtes dansantes et musicales, les lundis, mercredis, vendredis et dimanches.

Casino d'Asnières. — Bals, les dimanches et jeudis dans la belle saison. Prix d'entrée : 2 fr.

Château-Rouge, avenue Clignancourt, à Montmartre. — Bals les dimanches, lundis et jeudis. Prix d'entrée : 1 fr. 50 et le jeudi, 2 fr.

Closerie des Lilas, carrefour de l'Observatoire. — Bals les lundis, jeudis et dimanches. Prix d'entrée : 1 fr.

PLAISIRS

Hippodrome. — Spectacles équestres, les mardis, jeudis, samedis et dimanches, à 3 heures, pendant l'été. Prix : 3 fr. 50 ; 1 fr. 50 ; 75 et 50 cent.

Cirque Napoléon, boulevard des Filles-du-Calvaire. — L'hiver, tous les soirs, à 8 heures. Premières : 2 fr. secondes, 1 fr.

Cirque de l'Impératrice. — L'été seulement, aux Champs-Élysées. Prix d'entrée : Premières, 2 fr.; secondes, 1 fr.

Le spectacle commence à 8 heures et finit à 10 heures.

Concerts Parisiens, aux Champs-Élysées. — Tous les soirs, pendant la belle saison, à 8 heures, derrière le Palais de l'Exposition. Prix d'entrée : 1 fr.

Robert-Houdin, boulevard des Italiens. — Soirées fantastiques et sorcellerie. Parterre : 1 fr. 50. Tous les soirs à 8 heures.

Manicardi, 47, rue de la Ferme-des-Mathurins, près la place du Havre. — Soirées mystérieuses, tous les soirs, à 8 heures.

Robin. Prestidigitation, boulevard du Temple.

Séraphin, 12, boulevard Montmartre. Tous les soirs, à 8 heures, les jeudis, dimanches et fêtes, représentations à 2 heures, sans préjudice de celle du soir.

Panorama des Champs Élysées. — Toute la journée, de 10 à 6 heures (Prise de Sébastopol). Prix d'entrée : 2 fr.; le dimanche, 50 c.

POSTE

L'*Administration générale des Postes,* située rue Jean-Jacques-Rousseau, est ouverte tous les jours, de 8 heures du matin, à 8 heures du soir.

Poste restante, au rez-de-chaussée, en face la porte d'entrée. — Le bureau de la poste restante est ouvert de 8 heures du matin, à 8 heures du soir, et les dimanches, jusqu'à 5 heures. — Distribution des lettres, chargements et valeurs déclarées, adressées *poste restante.*

Avoir bien soin de se munir de son passeport ou d'une pièce en règle, pouvant faire constater l'identité.

Bureaux ouverts au public. — Le service des postes dans Paris s'exécute :

1o Dans les bureaux établis à l'hôtel des postes, rue Jean-Jacques-Rousseau, administration centrale ;

2o Dans les bureaux d'arrondissement et supplémentaires, échelonnés dans les différents quartiers de Paris.

On peut affranchir, charger, déposer des valeurs déclarées, des valeurs cotées, acheter des timbres-poste, envoyer ou toucher de l'argent, tous les jours, de 8 heures du matin à 8 heures du soir, et les dimanches et fêtes, jusqu'à 5 heures, dans tous les bureaux indistinctement. Mais, si l'on veut qu'une lettre parte le jour même et par les ambulants du soir, il faut qu'elle soit déposée :

Avant 5 heures, aux bornes-postes on petites boîtes;

Avant 5 heures et demie, aux bureaux supplémentaires;

Avant 5 heures 45 minutes, aux bureaux principaux;

Avant 6 heures à la grande poste et au bureau J, situé place de la Bourse.

NOTA. — Le dépôt des valeurs déclarées, des valeurs cotées et des chargements pour les départs du soir, a lieu :

1° Dans les bureaux principaux et supplémentaires, jusqu'à 4 heures 30 minutes ;

2° A l'hôtel des Postes et au bureau de la place de la Bourse, jusqu'à 4 heures 45 minutes.

Bureaux des gares. — Dans l'intérêt du commerce, la poste a établi, aux bureaux des gares de chemins de fer un service exceptionnel ou l'on peut déposer ses lettres, une demi-heure avant le départ des trains.

Envois d'argent. — On peut envoyer aujourd'hui de l'argent de deux manières.

1° Par mandats, en déposant son argent dans n'importe quel bureau de poste et en payant un droit d'*un* pour cent.

2° Par lettre chargée, mais seulement jusqu'à concurrence de 2,000 fr., en indiquant sur l'enveloppe même de la lettre, en toutes lettres, les valeurs qui y sont incluses.

La poste alors devient responsable de la somme déclarée.

Des chargements. — Mettre sa lettre sous enveloppe, et la sceller de deux ou cinq cachets en cire fine, de manière que tous les plis de l'enveloppe soient bien pris. — Déposer son chargement avant 4 heures 30 minutes aux bureaux supplémentaires et avant 5 heures 45 minutes à la grande poste et aux bureaux principaux.

ADRESSE DES GARES

Gare de l'Est, place de Strasbourg.
— *de Lyon,* boulevard Mazas.
— *d'Orléans,* boulevard de l'Hôpital, 7.
— *de l'Ouest,* ligne de Normandie, place du Hâvre; ligne de Bretagne, boulevard du Montparnasse.
Gare du Nord, place Roubaix, 24.

TÉLÉGRAPHIE

Les dépêches télégraphiques, expédiées par les particuliers pour toutes les stations télégraphiques de la France et de l'Étranger, peuvent être déposées dans les bureaux suivants :

1o Ministère de l'Intérieur, rue de Grenelle-Saint-Germain, 103 ;

2o Place de la Bourse, 12 ;

3o Hôtel des Postes, rue Jean-Jacques-Rousseau ;

4o Hôtel de Ville ;

5o Luxembourg, rue de Vaugirard, 19 ;

6o Gare du Nord, place Roubaix, 24 ;

7o Gare d'Orléans, rue de la Gare, 77 ;

8o Caserne du Château-d'Eau ;

9º Place du Hâvre ;

10º Avenue des Champs-Élysées, 67 ;

11º Grand-Hôtel, boulevard des Capucines ;

12º Grand Hôtel du Louvre, rue de Rivoli.

Ces bureaux sont ouverts en été, à 7 heures du matin, en hiver, à 8 heures, et se ferment en toute saison, à 9 heures du soir, excepté ceux du Ministère de l'intérieur et de la place de la Bourse, 12, qui restent ouverts toute la nuit.

Néanmoins, après 9 heures du soir, ces bureaux n'acceptent les dépêches privées que pour les villes où le service de nuit est organisé et qui sont pour la France : Bordeaux, Calais, Lyon, Marseille, Strasbourg, Toulouse, Lille, Nancy, Dijon, Tours, Montpellier, Nice et Chambéry.

Prix des dépêches : 20 mots, 2 fr.

Chaque dépêche simple est augmentée de moitié par série ou fraction de 10 mots.

Tout télégramme porte l'adresse du destinataire, un texte et la signature de l'expéditeur.

L'original doit être rédigé sur format de papier convenable et avant qu'on se présente au bureau, et portera l'adresse de la personne qui a signé la dépêche.

ENVIRONS DE PARIS

A visiter, comme pleins de charmes et de souvenirs historiques (Voir *Guide-Paris en poche*, chez Faure, libraire-éditeur, rue de Rivoli, 166, à Paris. Prix : 4 fr.,

Fontainebleau. — Visiter le château impérial, le parc, le jardin.

Voir les chênes de Henri IV et de Sully, la mare aux Èves, le carrefour de Bellevue, la gorge aux Loups, la Table du Roi, la grande Treille, la vallée de Franchard, le Calvaire, la Roche qui pleure, les Érables.

Pour la description de Saint-Cloud et pour les moyens de transport, voir *Itinéraire du Dimanche*.

Saint-Cloud. — Célèbre par son château impérial, son parc, ses belles pièces d'eau et sa cascade qui s'élève à 42 mètres.

Visiter la terrasse, voir la Lanterne de Diogène.

Choisir de préférence un dimanche où les grandes eaux jouent, c'est-à-dire le 1er dimanche de chaque mois, pendant la belle saison et pendant la belle fête de septembre.

Saint-Denis. — Célèbre par son église et ses tombeaux.

Visiter l'intérieur de l'église, le maître-autel, un des plus beaux de l'Europe ainsi que le trésor. Voir en détail, la crypte sépulcrale et les souterrains contenant les tombeaux des rois de France.

Moyens de transport. — Chemin de fer du Nord, place Roubaix, partant toutes les heures. Prix : 80, 60 et 40 centimes.

Omnibus, rue du Faubourg-Saint-Denis, passage du Bois-de-Boulogne, partant tous les quarts-d'heure : 50 c. le dimanche et 40 c. dans la semaine.

Omnibus Parisiens, **G. H. K.** Correspondant avec la voiture de Saint-Denis.

Saint-Germain. — Remarquable par son château, sa terrasse et son immense forêt de 4,400 hectares.

Moyens de transport. — Chemin de fer de Saint-Germain, gare Saint-Lazare, partant toutes les heures, à la demie. Prix : 1 fr. 50 et 1 fr. 25 c.

Omnibus desservant tous les trains : place de la Bourse et place du Palais-Royal.

Omnibus de l'Union des Postes, rue du Faubourg-Saint-Denis, 12 (passage du Bois-de-Boulogne). Départ à 10 heures du matin et à 4 heures et demie. Prix : 1 fr.

Sèvres. — Célèbre par sa manufacture de Porcelaine et son musée céramique.

La manufacture est publique le jeudi, et visible tous les autres jours de la semaine avec billets, de 11 heures a 4 heures (Fermée les dimanches et jours de fête).

Moyens de transport. — Chemin de fer de Versailles (rive gauche), partant toutes les heures à l'heure.

Chemin de fer de la rue Saint-Lazare (rive droite), partant toutes les heures à la demie.

Prendre son billet pour Ville-d'Avray. Prix : 1 fr. le dimanche et 60 c. la semaine.

Chemin de fer américain, rue du Louvre, 2.

Gondoles parisiennes, rue du Bouloi, 24. Prix : 70 c. le dimanche et 60 c. dans la semaine.

Omnibus, rue Tirechappe, 7, près la rue de Rivoli : 75 c. le dimanche et 60 c. dans la semaine.

Versailles. (Seine-et-Oise), à 20 kilomètres de Paris. — Palais, parc, musée historique de peinture et sculpture ; ouvert tous les jours de 11 heures à 4 heures, excepté les lundis.

Nota. — Pour la description de Versailles et les moyens de tarnsport, voir page 65.

TABLE DES MATIÈRES

FIN DE LA TABLE DES MATIÈRES

BUDGET

www.ingramcontent.com/pod-product-compliance
Lightning Source LLC
Chambersburg PA
CBHW052129090426
42741CB00009B/2017